JN121206

霊操

イグナチオ・デ・ロヨラ◉著
川中　仁◉訳・解説

教文館

はじめに

本書はイグナチオ・デ・ロヨラ（Ignacio de Loyola）（1491-1556年）の『霊操』（*Ejercicios espirituales*）（1548年）の翻訳である。『霊操』は、16世紀半ばに成立してから21世紀の今日に至るまで、キリスト教世界で無数の人びとの生き方に多大な影響をあたえてきた。

『霊操』は、キリスト教の祈りの本だが、いわゆる祈禱書でも信心書でもなく、聖書的な神との関係を深め、生き方の選びへと導く祈りの方法を簡潔にまとめたものである。霊操という祈りの枠組みの中で、霊操を授ける者の手引きとして用いられるものであり、霊操外の状況で読み物として通読することは想定されていない。通読するものではないので、かりに読んでみても無味乾燥な読後感しか残らないであろう。

すべての翻訳は、原文に忠実な訳を試みるということと自然な訳文に置き換えるということとの間の微妙なバランスのうえに成り立っているが、霊操の翻訳には直訳か意訳かという単純な二項対立を超えた、霊操の翻訳の独特の難しさがある。それはまず霊操の成立した16世紀のローマ・カトリック世界と21世紀の現代日本との間に横たわる文化的-社会的な大きな隔たりによるものである。だが、霊操の翻訳の真の難しさは、霊操テキストがイグナチオの霊的な体験と神学の凝縮した表現となっており、霊操の翻訳にはイグナチオの霊性と神学についての深い理解が求められることにある。

そのため、霊操の簡潔な原文を安易に自然な日本語に置き換えようとすると、霊操テキストに重大な改変を行ってしまう可能性がある。また、翻訳が説明的になっても、原文にないものを付け加え、結果として霊操テキストを改変してしまうことになる。そのため、霊操の翻訳の際には、霊操の原文を最大限に尊重し、翻訳が説明的にならないように意識的に努めた。

また、原文が簡潔で凝縮された表現となっていることから、霊操テキストに自らの解釈を読み込んでしまう可能性がある。霊操解釈史で幾度となく繰り返されてきたこの過ちを避けるために、霊操テキストに自らの解釈を読み込むことなく、霊操テキストそのものに向かい合うことを何よりも大事にしたい。

目　次

装丁　熊谷博人

霊操

イグナチオ・デ・ロヨラ

Ejercicios Espirituales
Ignacio de Loyola

総　注

Jhs.[i)]

1 **以下の霊操をより理解し、**
霊操を与える者にも受ける者にも助けとなるための総注[ii)]

[2] **総注第一**。霊操という名称で理解するのは、意識のエクサメン[iii)]をすること、黙想すること、観想すること、言葉や心で祈ること、また、これから述べるような、その他の霊的な活動などのあらゆる方法のことである。[3] それは、散歩したり、歩いたり、走ったりすることが、体操であるように、自らのすべての無秩序な愛着を離れるために、霊魂を備え、整えるあらゆる方法、[4] また愛着を離れた後、霊魂の救いのために自らの生活を整えて、神のみ旨を探し、見いだすための方法、それが霊操とよばれる。

2 **第二**。黙想や観想する方法と順序を与える者は、その観想か黙想で取り組む歴史（イストリア）[iv)]を、要点だけを短く、まとめて説明し

---

i）“Jhs.”は、「イエス」のギリシャ語 Ἰησοῦς の最初の三文字をローマ字表記したイエスのモノグラム。“IHS”とも表記。ただし、“IHS”は“Iesus Hominum Salvator”「人類の救済者イエス」の略語とされることもある。

ii）“anotaciones”は、霊操全体の導入という意味で「総注」と訳される。

iii）“examen / examinar”「エクサメン」は、「精査／精査する」（霊操 293·3, 306·4, 336·6, 342·2 番参照）を意味するが、原語をカタカナ表記した「エクサメン」という訳語を用いる。別訳：「糾明」／「究明」。

iv）“historia”「歴史（イストリア）」。霊操でいうイエス・キリストの「歴史」とは、ナザレのイエ

て、忠実に物語らなければならない。[2] というのは、観想する者が、その歴史（イストリア）の真の基礎となるものをつかみ、自分自身で思いめぐらし考えて、その歴史（イストリア）を少しでもより明らかにし感じさせる何かを見いだす方が、[3] 自分自身で考えるのであろうと、知性が神の力に照らされるのであろうと、霊操を与える者がその歴史（イストリア）の意味を多く説明し展開するよりも、より多くの霊的な味わいと実りをもたらすことになるからである。[4] それは、霊魂を充たし満足させるのは、多くを知ることではなく、ものごとを内的に感じ[v)] 味わうことだからである。

3 **第三**。以下のすべての霊操において、思いめぐらす知性と心が動かされる意志の諸行為を用いるので、[2] 注意しなければならないのは、意志の働きにおいて、わたしたちの主である神や聖人たちと言葉や心で語り合うときには、[3] 理解する知性を用いているときよりも、わたしたちの側により大きな畏敬の念が求められるということである。

4 **第四**。以下の霊操は、諸霊操が四つの部分に分かれ、その四つの部分に合わせて四週間がとられる。[2] すなわち、第一部は罪の考察[vi)] と観想、第二部は枝の主日までを含む、わたし

スに関する狭義の歴史的事実としての「史的イエス」には限定されないような、聖書的な意味でのイエス・キリストの出来事、すなわち受肉・降誕から十字架・復活・昇天までのイエス・キリストの歴史である。このように、イグナチオのいう「歴史」は、狭義の史実とも史実性のない物語とも区別される。それゆえ、狭義の歴史性とも単なる物語性とも区別するために、“historia”には、ルビ付きの「歴史（イストリア）」という訳語を用いる。

v) “sentir”「感じる」は、狭義の感覚に限定されない全人的な体験を意味する霊操全体の鍵語。

vi) “consideración / considerar”「考察／考察する」は、狭義の思弁に限定されないような霊操する際の知的な営み。

たちの主キリストの生涯、[3]第三部はわたしたちの主キリストの受難、第四部は復活と昇天、そして祈りの三つの方法である。[4]しかし、各週が必ずしも七日間か八日間をとらなければならないということではない。[5]というのは、第一週で、探し求めていること、つまり自らの罪への悔やみ、悲しみ、涙を見いだすのがより遅い人もいるからである。[6]同様に、ある人たちは他の人たちよりも熱心だったり、種々の霊に動かされたり、試されたりするので、[7]ある場合にはその週を短くしたり、別の場合には長くしたりすることを要する。そのように、以下の他のすべての週でも、その題材に即したことを探し求めるのである。[8]だが、霊操はおよそ三十日間で終わらせる。

5　**第五**。霊操を受ける者にとって大いに益となるのは、自らのすべての望みと自由を神[vii)]に捧げつつ、創造主への寛大で惜しみない心をもって霊操に入ることである。[2]それは神が霊操を受ける者の人格とその持っているすべてのものを至聖なるみ旨にしたがって用いるためである。

6　**第六**。霊操を与える者は、霊操する者の霊魂のうちに、慰めや荒みのような、いかなる霊の動きもなく、種々の霊にも動かされていないように感じられるとき、[2]霊操について、定められた時間どおりに、また、どのように行っているのかをよく尋ねなければならない。[3]同様に、付則についてもきちんと行っているかどうか、その一つひとつについて個々に尋ねなければならない。[4]慰めと荒みについて［316-324］、付則

vii）“su divina majestad”「神」。

について[73-90]述べられる。

7 **第七**。霊操を与える者は、もしそれを受ける者が荒みや試みを受けているのを見るならば、彼に厳しくそっけなくではなく、柔らかく優しく接し、[2]今後のために勇気と元気を与え、人間本性の敵の策略を明るみにだし、来たる慰めに備え、自分を整えさせるべきである。

8 **第八**。霊操を与える者は、荒みや敵の策略、また慰めに関して、霊操を受ける者のうちに感じとられる必要に応じて、[2]種々の霊を知るための第一週と第二週の諸規則[313-327, 328-336]を説明することができる。

9 **第九**。注意すべきことは、霊操する者が、第一週の霊操を歩んでいて、霊的なことをあまり熟知していなく、またひどく、明らかな試みを受けているならば、[2]それは労苦、恥、この世の名誉への恐れなどわたしたちの主である神への奉仕に前進するのに妨げとなるものであるが、[3]その場合には、霊操を与える者は、第二週の種々の霊に関する規則を説明すべきではない。[4]というのは、第一週の規則が益となればなるほど、第二週の規則は害を与えるだろうからである。それは、第二週の規則が、霊操する者の理解できる題材よりも、より微妙で高度なものだからである。

10 **第十**。霊操を与える者は、霊操を受ける者が、善に見えるもののもとで打たれ、試みを受けているのを感じたならば、既に述べた第二週の諸規則について話すのが適当である。[2]というのは、一般的に、霊操する者が、第二週にあたる照らしの生活にあるとき、人間本性の敵は、ますます善の見せかけのもとでよく試みようとするからである。[3] ただし、第一週の霊操にあたる浄めの生活ではそれほどではない[viii)]。

11　**第十一**。第一週の霊操を行っている者は、第二週にすべきことについては何も知らないのが益となる。[2] むしろ、第二週に何も良いものを見いだすことのないかのように、探し求めるものに達するように第一週で努める。

12　**第十二**。霊操を与える者がそれを受ける者によく注意すべきことは、毎日行われる五つの霊操か観想の一つひとつに、どのように一時間とどまるべきなのかということである。[2] その霊操に丸一時間、それ以下よりはそれ以上にとどまりたかったと思うほどに心が満たされているように常に努めるべきである。[3] というのは、敵は、そのような観想、黙想、あるいは祈りの時間を短くさせようと努めるのが常だからである。

13　**第十三**。同様に注意すべきことは、慰めのときは丸一時間観想にとどまるのは簡単だし容易だが、荒みのときはそれを全うするのが非常に困難だということである。[2] それゆえ、霊操する者は、荒みに抗い、試みに打ち克つために、常に一時間よりはさらにいくらかとどまらなければならない。というのは、それによって敵対者に抵抗するばかりではなく、打ち

viii) “vida”「生活」。ここで述べられている「浄め／照らし」の「生活（vida）」は、キリスト教霊性史における伝統的な「浄化・照明・一致」という「三つの道」を連想させる。だが、ここでは「一致」については述べておらず、伝統的な「三つの道」とは区別すべきである。

倒すのに慣れてくるからである。

14 **第十四**。霊操を与える者は、霊操を受ける者が慰められ、熱意に溢れているのを見るならば、無思慮かつ性急にいかなる約束や誓願も立てたりしないように、用心しなければならない。[2] 霊操者が軽率な性情であることがわかればわかるほど、一層気をつけ、忠告しなければならない。[3] というのは、従順、清貧、貞潔の誓願を立てることになっている修道会に入ることへと正当に誰かを動かすことはできるし、[4] 誓願をともなう善行は、誓願をともなわない善行よりも功徳があるので [5] 自らの性情や資質、そして、約束しようとすることを全うすることで、どれだけの助けや妨げを見いだすことができるのかをよく見極めなければならない。

15 **第十五**。霊操を与える者は、それを受ける者を、貧しさや約束へとその反対よりも促したり、ある身分や生き方へとその他のものよりも促してはならない。[2] というのは、霊操外では、資質のあるすべての人びとを、節制、貞潔、修道生活、またあらゆる福音的完徳のあり方を選び取ることへと促すことはおそらくは正当だし、功徳にもなる。[3] だが、霊操中によりふさわしくより良いのは、神のみ旨を探し求める際に、創造主自身が、敬虔な霊魂に自らを伝え[ix)]、[4] その愛と賛美のうちに抱き、今後神により良く奉仕することのできる道へと整えさせることである。[5] 霊操を与える者は、どちらか一方

---

ix）“el mismo Criador y Señor se comunique”「創造主自身が、敬虔な霊魂に自らを伝える」。霊操とは、あくまでも神と霊操者との間に実現されるコミュニケーションであるゆえに（霊操231番参照）、「霊操を与える者」は、神と霊操者との間のコミュニケーションが成立するために奉仕する者としての役割に徹しなければならない。

に偏りも傾きもせず、秤のように真ん中にあって、[6]創造主が被造物に、被造物が創造主に直接に働かれるようにしなければならない。

16　**第十六**。そのため、創造主が被造物のうちにより確実に働くために、[2]もしその霊魂があることがらに無秩序に愛着し、傾いているならば、誤って愛着しているのとは反対のことへと全力を尽くして向かうように促すことが非常に適切である。[3]もし霊魂が地位や収入を探し求め、それを手に入れることに愛着していて、わたしたちの主である神の栄誉と栄光のためではなく、また霊魂の霊的な救いのためでもなく、むしろ一時的な自らの益や関心のためであるならば、[4]祈りや他の霊操で切望し、わたしたちの主なる神に反対のことを懇願しながら、反対のことへと心を向けさせなければならない。[5]つまり、もし神が、霊魂の望むものを秩序づけながら、初めの愛着を変えないならば、そうした地位や収入やその他のいかなることをも求めないということである。[6]何かを望んだり、所有したりする理由は、ただ神への奉仕と栄誉と栄光のためでなければならない。

17　**第十七**。霊操を与える者が、霊操を受ける者自身の考えや罪を尋ねたり、知ろうとしたりせずに、[2]種々の霊がもたらす動きや考えについて忠実に報告させることは非常に有益である。[3]というのは、益となるところの大小にしたがって、そのように動かされている霊魂に適切に、また必要に応じた、霊操を与えることができるからである。

18　**第十八**。霊操は、霊操を行うことを望んでいる人びとの態勢、つまり霊操を行おうとする人びとの年齢、教養、才能等の資質にしたがって適用[x)]されるべきである。[2]というのは、教養がなく、あまり負担に耐えられない人には、無理せずに行い、益とならないようなことは与えられるべきではないからである。[3]同様に、霊操は、霊操者をより助け、役立つように、その取り組もうとするところに応じて一人ひとりに与えられなければならない。[4]したがって、指導を受け、一定の段階まで霊魂の満足に到達するために助けを望んでいる者には、特別エクサメン［24-31］、その後一般エクサメン［32-43］を与えることができる。[5]同時に、毎朝半時間、十戒、大罪などについての祈りの方法［238］、[6]また、八日ごとの罪の告白、また、できるならば十五日ごと、もしそれ以上望むのであれば、八日ごとにも、秘跡を受けることが勧められる。[7]このやり方は、もっぱら単純で教養のない人びと向けであって、十戒の一つひとつ、また大罪、教会の掟、五感、憐れみのわざを説明するとよい。[8]同様に、霊操を与える者が、霊操を受ける者が資質や自然的な能力があまりなく、多くの実りを期待できないとみなされるならば、[9]罪の告白をするくらいのところまで、この簡単な霊操のいくつかを与えるのがより適切である。[10]その後、得たものを保つために、いくつかの意識のエクサメンと普段より頻繁に告白するやり方を与え、[11]選定の題材にも、第一週外の他のいかなる霊操にも進ませないことである。[12]とりわけすべての人のために時間がないが、他の人びとにより益となりうる場合はなおさらである。

x) “aplicar”「適用する」。ここで、霊操の適用の原則、すなわち霊操者の種別と各霊操者に合わせた適用について述べられている。

19 **第十九**。公務や日々の業務で妨げられているものの、[2]教養があるか才能がある人には、霊操するために一時間半をとり、人間が何のために造られたのかを説明し、[3]同時に、半時間の間で特別エクサメン、そののち一般エクサメン、告解のやり方や秘跡の受け方を与え、[4]三日間毎朝一時間、第一、第二、第三の罪の黙想［45-53］、[5]そののち、次の三日間同じ時間に罪の経過の黙想を行い［55-61］、[6]そののち、次の三日間同じ時間に、罪にふさわしい罰について黙想をし［65-72］、[7]すべての三つの黙想で十の付則［73-90］を与え、[8]わたしたちの主キリストの秘義と同じ過程を歩ませる。これについては、以下の霊操のところで詳細に説明する。

20 **第二十**。より妨げがなく、できるだけすべてのことにおいて益となることを望む者には、霊操の進む同じ順序で、すべての霊操を与える。[2]その霊操においては、通常は、すべての友人、知人、そしてすべての地上的な気遣いから離れれば離れるほど有益であろう。[3]できるだけ秘やかに生活するために、住んでいる家から移って、他の家や部屋をとる。[4]そうすることで、知人たちに邪魔されるおそれなしに、毎日ミサや晩課に行くことができる。[5]そのように離れることで、その他の多くの益の中でも三つの主な益がともなう。[6]第一は、多くの友人や知人、多くの秩序づけられていない用件から離れることは、わたしたちの主である神に奉仕し、賛美するために、神の前で少なからぬ功徳となる。[7]第二に、そのように離れることで、多くのことがらに知性を分散させることなく、すべての注意を唯一のこと、つまり、創造主に奉仕し、自らの霊魂の益となることへと向け、[8]そのように望んでいるものを熱心に探し求めるために、自然的な能力をより自由に用いるのである。[9] 第三に、わたしたちの霊魂が独りで離れていればいるほど、創造主に近づき、達するために、よりふさわしいものとなる。[10] そのように近づけば近づくほど、神的かつ至高の善から恵みと賜物を受けるためにより整えられるのである。

21 いかなる無秩序な愛着にも決定されることなく、自己自身に打ち克ち、生活を秩序づけるための霊操

22 前提条件

霊操を与える者にも受ける者にもより助けとなり益となるために、[2] すべての良きキリスト者は、隣人の述べることを非難するよりは、救おうとしていなければならないということを前提とすべきである。[3] そして、もし救うことができないならば、それをどのように理解しているのかを尋ね、またもし誤って理解しているならば、愛をもってそれを正す。[4] もしそれで十分でなければ、正しく理解し、救われるために、あらゆる適切な手段を探さねばならない。

23　原理と基礎

[2]人間が造られた[i)]のは、わたしたちの主である神を賛美し、敬い、仕えるためであり、それによって自らの霊魂を救うためである。[3]また、地上の他のものが造られたのは、人間のためであり、人間が造られた目的を追求するのに助けとなるためである。

[4]それゆえ、人間は、その目的のために助けとなる限りでそれらを用い、その目的の妨げとなる限りでそれらから離れなければならない。

[5]したがって、わたしたちの自由意志の自由に認められ、禁じられていないすべてのものにおいて、すべての造られたものに対して偏らないようにしなければならない。[6]つまり、病気よりも健康を、貧しさよりも豊かさを、不名誉よりも名誉を、短命よりも長寿を、その他すべてのものにおいて、わたしたちの側からは欲することなく、[7]ただわたしたちが造られた目的へとわたしたちをより導くもののみを望み、選ぶ。

i) “es criado”「造られた」には、過去の創造のみならず、万物を生かし支える神の働きが念頭におかれている。1コリ8·6参照。別訳：「造られている」。

第 一 週

24 日々の特別エクサメンは、三つの時と二度のエクサメンすることからなる

[2] **第一の時**。朝の起床直後、直し改めたい特定の罪や欠点から自らを懸命に守るように決意しなければならない。

25 **第二（の時）**。昼食後、人がわたしたちの主である神に望むもの、すなわち何度その特定の罪や欠点に陥ったかを思い起こすため、また今後改めるための恵みを願う。[2] したがって、第一回のエクサメンをし、自らが直し改めたいと望んでいることについて決意した特定のことがらについて、自らの霊魂に問いただし、[3] 起床時から始めて現在のエクサメンの時点まで、一時間ごとに、また一定の時ごとに思いめぐらし、[4] g＝線[i)] の第一の線に、特定の罪や欠点に陥っただけの点を書きとめる。[5] そののち、第二回のエクサメンをするまでに改めようと新たに決意する。

---

i）7本の線は一週間の7日間を表し、上の線は午前、下の線は午後を表す。"g" は、スペイン語の "gula"（貪食）を意味するとみなされているが、イタリア語の "giorno"（日）を意味するとする説もある。

26 **第三の時**。夕食後、第二回のエクサメンをし、同様に一時間ごとに、第一回のエクサメンから始めて現在の第二回のエクサメンまで、[2] 同一の g ＝線の（第二の）線に、特定の罪や欠点に陥った回数だけの点を書きとめる。

27 以下の四付則は、特定の罪や欠点からより速やかに離れるためのものである。

[2] **第一付則**とは、特定の罪や欠点に陥る度ごとに、陥ったことを悔やみながら、胸に手を置く。[3] これは、多くの人びとの前でやっても気づかれずに行うことができる。

28 **第二**。g ＝線の第一の線は第一エクサメン、また第二の線は第二エクサメンを意味するので、第一の線から第二の線、つまり第一エクサメンから第二エクサメンの間に改まったかどうかを晩に確認する。

29 **第三**。二日目を一日目と、つまり、現在の日の二つのエクサメンを過去の日の他の二つのエクサメンと比べ、ある日から別の日の間に改められたかどうかを見る。

30 **第四付則**。ある週を前の週と比べ、前の週から今の週の間に改められたかどうかを見る。

31 **注意**。以下の第一の大きな g ＝線は日曜日、第二の小さいのは月曜日、第三は火曜日を意味することは注意すべきである。以下、同様に。

[2]g

g

g

g

g

g

g

32 自らを浄め、よりよく告白するための意識の一般エクサメン

[2] 自らのうちに三つの考えがあることを前提とする。すなわち、わたし自身のもので、わたしの単なる自由と欲求からでてくるものである。[3] そして、他の二つは、外から来るもので、一つは善霊から来るもの、他は悪霊からのものである。

33 考えについて

[2] 外から来る悪い考えに功徳を積む [ii)] 二つのやり方がある。[3] 第一は、例えば、大罪を犯そうという考えがくるとき、その考えに直ちに抵抗し、打ち克つというものである。

34 第二の功徳を積むやり方は、その同じ悪い考えがくると、抵抗する。何度も何度も繰り返しきても、その考えに打ち克つまで絶えず抵抗することである。[2] そして、この第二のやり方は、第一のものよりも、より功徳を積むことになる。

35 小罪を犯すということは、大罪を犯そうとする考えがきて、人がそれに耳を傾け、少しとどまるか、[2] 何らかの感覚的な楽しみを受けるか、そうした考えを退けるのに何らかの怠惰さがある場合である。

---

ii) “merecer”「功徳を積む」。

36 大罪を犯すやり方には二つある。**第一**は、人が承諾したかのように後で行動するか、可能ならば実行するために、悪い考えに承諾することである。

37 大罪を犯す**第二のやり方**は、その罪を実行に移すときである。それは三つの理由からより重大である。[2] 第一はより長い時間のため、第二はより大きな意向のため、第三は両者[iii]へのより大きな損傷のためである。

38 言葉について

[2] 創造主にかけても被造物にかけても、真実と必要と畏敬なしに、誓ってはならない。[3] 必要とは、誓いで何らかの真実が確かめられるときではなく、むしろ霊魂や肉体、あるいは現世的な[iv]善の益にとって何か意義あるときであり、[4] 畏敬とは、創造主を名指す際に、考察し、ふさわしい栄誉と敬意をしめすときである。

39 注意すべきことだが、虚栄から誓うときは、被造物よりも創造主にかけて誓うほうが、より罪を犯すことになるので、[2] 以下の理由から、真理と必要と畏敬をもって被造物にふさわしく誓うほうが、創造主にかけて誓うよりもより難しい。[3] **第一**に、われわれが何らかの被造物にかけて誓おうとするとき、その被造物を名指す際にすべてのものの創造主を名指

iii）“las dos personas”は「二人の人物」だが、ここでは加害者と被害者の当事者双方を意味するものとみなされる。

iv）“temporales”「現世的」は、天上的なものに対する地上的なもの。

そうとする際ほどには、真実を述べたり、必要からそれを主張するのに、注意深く慎重であろうとはしない。

[4] **第**二に、被造物にかけて誓うとき、創造主自身にかけて誓い、名指すほどには、創造者に尊敬と畏敬をしめすのは容易ではない。それは、創造されたものを名指そうとすることよりも、わたしたちの主である神を名指そうとすることの方が、より畏敬と尊敬をともなうからである。[5] したがって、被造物にかけて誓うことは、不完全な者たちよりも完全な者たちに認められる。[6] それは、完全な者たちは、絶えざる観想と知性の照らしによって、わたしたちの主である神が、その本質、現存、力に即して、それぞれの被造物のうちにおられることを考察し、黙想し、観想するからである。[7] このように、被造物にかけて誓う際に、完全な者たちは、不完全な者たちよりも、創造主に畏敬と尊敬をしめすのに整えられた状態[v)]にある。

[8] **第**三に、被造物にかけて頻繁に誓うと、完全な者たちよりも不完全な者たちにおいて偶像礼拝のおそれがある。

40 無益な言葉を言わない。無益とは、自分にも他人にも益とならず、そのような意図へと秩序づけられていない[vi)]ことである。[2] したがって、益となるすべてのことのために話すこと、自分の霊魂か他人の霊魂、身体か時間的な財産[vii)]の益となるという意図で話すことは、決して無益ではない。[3] 自らの身

v）“dispuesto”「整えられた状態」は、霊操者の内面が整えられた状態。霊操 44·7, 133·1 番参照。

vi）“ni a tal intención se ordena”「そのような意図へと秩序づけられていない」。“ordenarse a ...” はあるべき方向へと「向けられている」こと。

vii）“bienes temporales”「時間的な財産」。

分外のこと、修道者が戦争や商売について話すことなども無益ではない。[4] だが、上述のすべてのことにおいて、きちんと秩序づけられているならば功徳となるが、悪い方向に向けられていたり、虚栄から話したりするならば罪となる。

41 中傷や悪口となるようなことを言わない。なぜなら、公になっていない大罪を暴くと大罪を犯し、小罪ならば小罪、欠点ならば自らの欠点を示すからである。[2] もし意図が健全であれば、二つのやり方で、他人の罪や過ちについて話すことができる。

[3] **第一**は、罪が公となっている場合で、公になっている娼婦、裁判で下された判決、自分のかかわっている霊魂に悪い影響をあたえる公の誤りについてなどである。

[4] **第二**は、隠された罪が誰かに知られるときで、それによって罪に陥っている者を立ち上がらせるのを助けるためである。ただし、その人を助けることができるような推定や理由があること。

42
行いについて

[2] 十戒と教会の掟と長上の勧めを対象とし、この三つのいずれかに反する行いとなるすべてのものは、その大小の質に応じて大小の罪となる。[3] 長上の勧めというのは、十字軍の勅書やその他の免償状で、講和成立による免償のような罪の赦しや聖体の拝領によるものである。[4] それは、わたしたちの長上のそうした敬虔な訓戒や勧告に反することとなったり、そのようなことを行ったりすると軽くはない罪を犯すことになるからである。

43 一般エクサメンの方法は、五つの要点からなる

[2] **第一要点**は、わたしたちの主である神から受けた恵みに感謝する。

[3] **第二**。罪を知り、それをしりぞける恵みを願う。

[4] **第三**。起床した時間から現在のエクサメンまで、一時間ごと、あるいは一定の時間ごとに、霊魂に釈明を求める。[5] まず考え、それから言葉、それから行いについて、特別エクサメンのところで述べたのと同じ順序で [25]。

[6] **第四**。わたしたちの主である神に過ちの赦しを願う。

[7] **第五**。神の恵みとともに改めることを決意する。主の祈り。

44 総告解と聖体拝領

[2]総告解には、自らそれをしようとする者には、多くの益の中で、ここには三つの益が見いだされる。
[3]**第一**。毎年赦しの秘跡を受ける者には、総告解する義務はないので、[4]総告解すると、生涯のすべての罪と悪についてのより大きな実際の痛みのために、より大きな益と功徳がある。
[5]**第二**。このような霊操では、そのように内的なことに取り組んでいなかったときよりも、罪と悪をより内的に知っているので、[6]それについてより知識と痛みを獲得し、以前あったよりも大きな益と功徳があるであろう。
[7]**第三**。より良く告解して整えられると、その結果として、至聖なる秘跡を受けるのによりふさわしく、準備されることになる。[8]その拝領は、罪に陥らないためのみならず、恵みの増大[viii)]のうちに保たれるためにも役立つ。[9]そのような総告解をするのに最善なのは、第一週の霊操の直後である。

viii) "aumento de gracia"「恵みの増大」は、神の恵みが満ち溢れている状態（ロマ5·15参照）。

45　**第一霊操**は、第一、第二、第三の罪についての三能力での黙想である。[2] 準備の祈りの後、二つの前備、三つの主な要点、対話からなる。

46　**準備の祈り**として、わたしのすべての意向、行い、活動が純粋に神への奉仕と賛美に向けられているように、わたしたちの主である神に恵みを求める。

47　**第一前備**は、場を見て場面を組み立てる[ix)] ことである。[2] ここで注意すべきことは、目に見えるわたしたちの主キリストを観想するなどの、見えるものの観想か黙想では、[3] 場面を組み立てるとは、観想したいことが見いだされる物質的な場を想像の目で見ることである。[4] 物質的な場とは、イエスや聖母[x)] がおられる神殿や山などで、自分が観想したいものによる。[5] 見えないものにおいて、ここでは罪についてであるが、場面の組み立ては、わたしの霊魂がこの朽ちる肉体につながれているのを想像の目で見、考察することである。[6] また、この谷で野獣の中に追放されているという組み立てのすべてである。組み立てのすべてとは、霊魂と肉体のすべての組み立てのことである。

48　**第二**は、わたしたちの主である神にわたしが欲し望んでいることを願い求めることである。[2] 願い求めることは、題材に

ix）“composición viendo el lugar”「場を見て場面を組み立てる」は、場面を想像力をもって思い浮かべること。“viendo”（“ver”の現在分詞）は、ここでは、視覚的に見るというよりも、想像力をもって思い浮かべること。

x）“nuestra Señora”「聖母」。“nuestra Señora”は、フランス語の“Notre Dame”と同様に、聖母マリアを意味する。

即したものでなければならない。すなわち、観想が復活についてならば、喜んでいるキリストと共に喜びを願い求め、[3]受難についてならば、苦しめられているキリストと共に苦痛、涙、苦悩を願い求める。[4]ここでは、わたし自身についての恥と戸惑いを願い求める。その際に、どれほど多くの人びとが唯一の大罪のために裁きを受けているか、[5]また多くの罪ゆえにわたしは幾度も永遠の罰を受けるに値するかを見る。

49 **注意**。すべての観想と黙想の前に、変更することなく常に準備の祈りが行われなければならない。すでに述べた二つの前備は、ときどき題材に即して変わる。

50 **第一の要点**は、第一の罪に記憶をあてる[xi)]。第一の罪とは、天使たちの罪であった。それからその罪について知性をもって思いめぐらし、それから意志をもってそれから同じものについて思いめぐらす、[2]それから意志をあて、このすべてを思い起こし、理解することで、より自らを恥じ、戸惑うためである。[3]天使たちの一つの罪と自分が犯したどれほど多くの罪とを比べながら、天使たちが一つの罪のために地獄に堕ちたなら、わたしは犯した多くの罪のために幾度も永遠の罰に値することを思いめぐらす。[4]天使たちの罪に記憶をあてるとは、彼らが恵みのうちに造られながら、創造主への畏敬と従順をしめすために自由を用いようとはせず、[5]傲慢になり、恵みから悪へと変わり、天国から地獄へと投げ落とされ

xi) “traer la memoria”「記憶をあてる」は、“ver el lugar” と同様に、想像力をもって思い浮かべること。

たことである。[6]それから、さらに知性をもってより詳細に思いめぐらし、さらに意志をもってより感情を引き起こす。

51 第二は、同じことをする。すなわち、アダムとエバの罪に三つの能力をあてる。[2]彼らがどれほどの間その罪のために償いをし、どれほどの腐敗が人類にもたらされ、かくも多くの人びとが地獄に向かって歩んでいるかに記憶をあてる。[3]わたしたちの人祖の第二の罪に記憶をあてるとは、アダムがダマスコの平原で造られ、地上の楽園におかれ、エバがそのあばら骨から造られた後、[4]知恵の木から食べることを禁じられていながら、彼らが食べて、罪を犯し、[5]その後皮の衣をあたえられ、楽園から追放され、彼らの失った原初の義[xii)]なしに生き、多くの労苦と償いのうちに全生涯を送ったことである。[6]したがって、知性をもってより個別に思いめぐらし、すでに述べたように意志を用いる。

52 第三は、同様に、第三の特別の罪について同じことをするが、一つの大罪のために地獄に堕ちた一人ひとりの罪、またわたしが犯したのよりも小さな罪のために地獄に堕ちた無数の人びとの罪についてである。[2]第三の特別の罪について同じことをするというのは、創造主に対する罪の重さと悪に記憶をあてることであり、[3]罪を犯し、無限の善に背いたことで、当然にも永遠の裁きを受けたことに知性で思いめぐらす。そして、すでに述べたように、意志をもって締めくくる。

---

xii）“la justicia original”「原初の義」は、アダムとエバの楽園追放以前の状態（創2参照）。

53 **対話**。眼前に十字架につけられているわたしたちの主キリストを思い浮かべ、対話する。つまり、どのように創造主が来られて人となり、永遠の命から時間的な死[xiii)]へ、こうしてわたしの罪のために死なれたのかである。[2]同様に、わたし自身を見て、キリストのためにしたこと、キリストのためにしていること、キリストのためにしなければならないことを見る。[3]こうして、そのように十字架にかけられているキリストを見て、自らが奉献することを思いめぐらす。

54 対話とは、厳密には、友が友に、あるいは召使いが主人に話すようにすることである。[2]何かの恵みを願ったり、何かの悪い行いで痛悔したり、自らのことを伝え、その助言を求めたりする。そして、主の祈りを唱える。

55 **第二霊操**は、罪についての黙想で、準備の祈りの後、二つの前備、五つの要点と一つの対話からなる。

[2]**準備の祈り**は同じものである。
[3]**第一前備**は同じ組み立てである。
[4]**第二前備**は望むものを求める。ここでは、自らの罪についてのより大きくなる強い悲しみと涙である。

56 **第一要点**は、罪の推移である。すなわち、年から年へ、時から時へと見て、生涯のすべての罪に記憶をあてる。そのため

xiii) "muerte temporal" は「時間的な死」で、時間と永遠の対比の中で、地上の生を全うすること。

には、次の三つのことが有益である。[2] 第一に住んでいた場所と家、第二に他の人びととの会話、第三に生計をたてた仕事を見る。

57　**第二**は、罪を思いめぐらす。その際に、たとえ禁じられていなかったにせよ、犯した一つひとつの大罪のうちにある醜さと悪を見る。

58　**第三**は、わたしが誰なのかを見る。その際に、具体例で自らを小さな者とする。
第一。すべての人と比べて、わたしはどれほどなのか。
[2] 第二。すべての天使と天国の聖人たちと比べて、人間とは何なのか。
[3] 第三。神と比べて、すべての被造物とは何なのかを見る。では、わたし独りなら、わたしは何でありうるのか。
[4] 第四。すべてのわたしの堕落と肉体の醜さを見る。
[5] 第五。自らを傷とただれとして見る。そこからそのように多くの罪と悪事とひどい毒がでてきたのである。

59　**第四**は、わたしが罪を犯した神が誰なのか、その神の属性にしたがって考察する。その際に自らのうちの反対の属性と比べる。[2] 神の知恵と自らの無知、神の全能と自らの弱さ、神の義と自らの不正、神の善と自らの悪を比べる。

60　**第五**は、さらに大きくなった感動からの感嘆の叫びである。思いめぐらすのは、いかにあらゆる被造物がわたしを生かし、保っているのか。[2] 天使たちが、いかに神の正義の剣でありながら、いかにわたしに耐え、わたしを守り、わたしのために祈ってきたのか。[3]聖人たちが、いかにわたしのために執り成し、祈ってきたのか。また、天、太陽、月、星、諸元素、果実、鳥、魚、動物。[4]また、大地が、なぜ永遠に苦しむために新たな地獄をつくりながら、わたしを飲み込むために開かれなかったのか。

61 憐れみの**対話**で締めくくる。思いめぐらし、わたしたちの主である神に感謝する。それは今までわたしに命をあたえてくださったからである。そして、今後に向けて恵みによる改善を決意する。主の祈り。

62 **第三霊操**は、第一、第二霊操の反復である。その際には三つの対話をする。

[2]準備の祈りと二つの前備の後、第一と第二霊操を反復する。その際、より大きな慰めか荒みかより大きな霊的な感覚を感じた諸点に注目し、とどまる。
[3]その後、以下のやり方で三つの対話をする。

63 **第一対話**は、聖母と。それは三つのことで御子である主の恵みを得るためである。[2]第一は、自らの罪を内的に知り、それに対する嫌悪を感じるためである。[3]第二は、自らの活動の無秩序を感じるためである。それは、嫌悪しつつ、自らを改善し、秩序づけるためである。[4]第三は、世を知ることを願う。それは、世俗的で空虚なことを嫌悪しながら、そのようなものから自らを遠ざけるためである。そして、これとともにアヴェ・マリアの祈り。

[5] **第二**は、同じことを御子と。それは御父から恵みを得るためである。そして、これとともにアニマ・クリスティ[xiv]。
[6] **第三**は、同じことを御父と。それは永遠の主ご自身がその恵みを与えられるためである。そして、これとともに主の祈り。

64 **第四霊操**は、この第三霊操自体を総括することである。

[2] 総括するとは、知性が、逸れることなく、以前の霊操において観想したことで記憶に残っていることを絶えず思いめぐらすことである。そして、第一対話と同じ三つの対話をする。

65 **第五霊操**は、地獄の黙想である。そのうちには、準備の祈りと二つの前備の後、五つの要点と対話が含まれる。

[2] **準備の祈り**は、通常のものである。
[3] **第一前備**は、組み立てである。ここでは、想像力の目で地獄の長さ、広さ、深さを見る。
[4] **第二**は、望んでいるものを願い求める。ここでは、裁きを受けている者たちの味わっている苦しみの内的な感覚を求める。[5] それはわたしの過ちのために永遠の主の愛のことを忘れても、少なくとも苦しみへの恐れから罪に陥らないように、わたしを助けるためである。

---

xiv）"Anima Christi"「アニマ・クリスティ」は、14 世紀に遡る作者不詳の祈り。自筆稿（アウトグラフォ）にはないが、後年慣習的に霊操書の冒頭部分におかれるようになった。

66 **第一要点**は、想像力の目で、激しい炎、燃えさかる肉体にあるかのような霊魂を見る。

67 **第二**。耳で、嘆き、悲鳴、叫び、わたしたちの主であるキリストとそのすべての聖人たちに対する冒瀆を聞く。

68 **第三**。嗅覚で、煙、硫黄の石、汚水だめ、腐ったものを嗅ぐ。

69 **第四**。味覚で、涙、悲しみ、良心の虫などの苦いものを味わう。

70 **第五**。触覚で触れる。つまり、どのように炎が霊魂に触れて、霊魂を焼き尽くすかを。

71 わたしたちの主キリストと**対話**し、地獄にいる霊魂に記憶をあてる。ある霊魂は、到来を信じなかったからである。他の霊魂は、信じたが、その掟にしたがって行わなかったからである。

[2] 対話は三つの部分からなる。

第一。到来以前。

第二。その生涯において。

第三。この世の生涯以後。

[3] これとともにキリストに感謝する。それは、キリストは、わたしがこのいずれにも陥り、命を滅ぼさせなかったからである。また、今までわたしに対して同情と憐れみを常にしめされたことを感謝する。それは、このいずれにも陥らせず、わたしの生涯を終わらせなかったからである。[4] 同様に、今まで常にわたしにそのような同情と憐れみを保たれていたか

らである。
主の祈りで締めくくる。

72 **注意**。第一霊操は真夜中にし、第二は朝の起床直後、第三はミサ前かミサ後、いずれにせよ食事前、第四は晩課の頃、第五は夕食の一時間前。[2] この時間の繰り返しは、多かれ少なかれ、四週間全体で常に考えられているが、年齢、態勢[xv)]、気質にしたがって、霊操する者が五つかそれ以下の霊操をするのを助ける。

73

霊操をより良く行い、望むものをより良く見いだすための付則

[2] **第一付則**は、横になった後、もう眠ろうとするとき、アヴェ・マリアの祈りくらいの間、起きなければならない時間、また何のために起きるのかを考え、自分がしなければならない霊操をまとめる。

74 **第二**。目を覚ましたとき、あれやこれやの考えに場をあたえずに、真夜中の第一霊操で観想するものに直ちに注意を向ける。自らのそれほど多くの罪について戸惑い、例を挙げる。[2] 例えば、騎士が王と宮廷全体の前にいて、恥じいり、戸惑っている。それは多くの賜物と恩顧を先に受けた方を非常に侮辱することになったからである。[3] 同様に、第二霊操では、自らを大罪人で、鎖につながれた者とする。つまり、永

xv) “disposición”「態勢」は、霊操者の内面が霊操するのにふさわしい状態にあること。

遠の至高の審判者の前に立たされるために鎖で縛られている。[4]例となるのは、投獄され、鎖につながれ、すでに死罪の判決を受け、世の裁判官の前に立たされる者たちである。[5]このような考えやその他の題材に即した考えとともに身支度する。

75　**第三**。観想か黙想する場の一歩か二歩前で、主の祈りほどの間、立ってじっくり考える。[2]知性を上へと向けて、わたしたちの主である神がどのようにわたしを見ているのかなどを考察する。そして、畏敬か謙遜をしめす。

76　**第四**。観想に入る。ひざまずくか、地面にひれ伏すか、あお向けに顔を上に向けるか、座るか、立つかして、常に望むものを探し求める。[2]二つのことに注意する。第一は、もしひざまずいて望むものを見いだすならば、先に進まない。また、ひれ伏した場合、その他も同様。[3]第二は、望むものを見いだす要点でそこにとどまり、自分が満足するまであわてて先に進もうとしない。

77　**第五**。霊操終了後、十五分間ほど、座ったり、歩いたりしながら、観想や黙想でどうだったのかを見る。[2]そして、もし悪かったなら、その起こった原因を見る。そのように見て、今後改善するために悔やむ。[3]もしうまくいったなら、わたしたちの主である神に感謝しながら、次回も同様に行う。

78　**第六**。栄光、復活などのような楽しみや喜びのことについて考えない。というのは、わたしたちの罪で痛み、悲しみ、涙を感じるためには、喜びや嬉しさについてのいかなる考察も妨げとなるからである。[2] むしろ、死や裁きを思い起こし、苦しみ、痛みを感じようとする。

79 **第七**。同じ目的のため、すべての明るさを取り去り、もし聖務日課を唱え、読み、食べるためでなければ、部屋にいる間は、窓と戸を閉める。

80 **第八**。笑ったり、笑いを引き起こすことを言わない。

81 **第九**。目を慎む。ただし、話す人[xvi)] を受け入れ、別れる場合を除く。

82 **第十付則**は、苦行であり、内的なものと外的なものに分けられる。[2] 内的なものとは、自らの罪を痛悔し、その罪も他のいかなる罪も犯さないと堅く決意することである。[3] 外的なものとは、第一のものの実りで、犯した罪の罰であり、主に三つのやり方で行う。

83 **第一**は、食事についてである。つまり、余分なものをとらないとき、それは苦行ではなく、節制である。[2] 苦行とは、適度なものをとらないことであり、そうすればするほど、より大いなることで、より良いことである。ただし、体をこわしたり、重病になってはならない。

84 **第二**。眠り方についてである。また、同様に、繊細で柔らかいものから余分なものをとらないのは苦行ではない。[2] 苦行

xvi) "la persona con quien hablare"「話す人」は、話し相手のこと。

とは、適度なものをとらないときであり、そうすればするほど、より良い。ただし、体をこわしたり、ひどい病気になったりしてはならない。[3]また、もしも寝過ぎる悪習がないならば、中庸に至るために、適度な睡眠をやめてはならない。

85 **第三**。肉体を痛めつける。つまり、感覚的な痛みをあたえることであり、粗布や縄や鉄の棒を身につけたり、鞭打ったり、傷つけたり、厳しさのその他のやり方である。

86 **注意**。苦行でよりふさわしく、より安全と思われるのは、肉体に痛みを感じても、骨には入らないことで、痛みはあたえても、病気にならないやり方である。[2]したがって、より適当と思われるのは、細い縄で痛めつけ、外側から痛みをあたえるもので、内側に深刻な病気を引き起こすようなその他のやり方ではないものである。

87 **第一注意**。外的な苦行は、主に三つの目的のために行われる。第一は過去の罪の償いのため。[2]第二は自己自身に打ち克つため、つまり、感覚が理性に従い、すべてのより低い部分がより高い部分により従属するためである。[3]第三は、人が欲し、望む、何らかの恩恵か賜物を探し、見いだすためである。それは自らの罪についての内的に痛悔することを願うか、[4]その罪やわたしたちの主キリストが受難で味わった苦しみと痛みについて泣くことを願うなどであり、その人がおかれている何らかの疑念の解決のためである。

88 **第二**。注意すべきことは、第一と第二の付則は、真夜中と明け方の霊操のためになされるものであり、他の時間に行われる霊操のためのものではないということである。[2] また、第四付則は、決して教会の中で他人の前でするのではなく、隠れて、家などですべきである。

89 **第三**。霊操する者が、涙、慰めなどの望むものをまだ見いださないとき、しばしば有益なのは、食事、睡眠、その他の苦行のやり方を変更することである。[2] それは、二日か三日苦行をし、次の二日か三日しないことで変えるやり方である。というのは、ある人びとにはより苦行することが適当であり、他の人びとにはより苦行をしないことが適当だからである。[3] また、しばしばわたしたちは、感覚的な愛[xvii] や深刻な病気でもないのに人間には耐えることができないなどの誤った判断から苦行をやめるからである。[4] また、時には、逆に、肉体が耐えることができると考えて、過度に行うからである。[5] また、わたしたちの主である神は、わたしたちの本性を無限により良く知っているので、しばしばそのような変更でそれぞれの人に適当なものを感じさせるのである。

90 **第四**。特別エクサメンは、霊操と付則についての不足と怠りを取り除くためになされる。第二、第三、第四週においても同様である。

---

xvii) “el amor sensual”「感覚的な愛」は、天上的なものに対置される地上的なものへの愛着や執着。

第 二 週

91 地上の王の呼びかけは、永遠の王の生涯を観想する助けとなる

[2] **準備の祈り**は、通常のとおりである。
[3] **第一前備**は、場を見て、組み立てることである。ここでは、想像の目でわたしたちの主であるキリストが説教していた、会堂、村、城を見る。
[4] **第二**は、わたしが望む恵み[i)] を願う。ここでは、わたしがわたしたちの主の呼びかけが聞こえないことのないように、その至聖なるみ旨を全うするために、準備され、熱心であるように、恵みを求める。

92 **第一要点**は、人間の王をわたしの前に置く。彼はわたしたちの主である神の手で選ばれ、すべての諸侯たちとキリスト者たちが敬意を払い、従う。

93 **第二**は、この王が彼のすべての家臣たちに語りかけているのを見る。彼は言う。[2]「わたしの意志は、すべての異教徒の地を征服することである。したがって、わたしと共に来ることを欲する者は、わたしのように食べ、飲み、着ることなど

---

i) “la gracia que quiero”「わたしが望む恵み」は、霊操者によって各霊操でそのつど設定される目的や主題に応じた神の恵み。“lo que quiero”（霊操 104 番）参照。

に満足しなければならない。[3]同様に、日中はわたしと共に働き、夜は警戒することなどをしなければならない。[4]それは、労苦にあずかったように、後にわたしと共に勝利にあずかることになるためである。」

94 **第三**。このように寛大で人間的な王に対して良き家臣は何を応えるべきかを考察する。[2]したがって、もし誰かがそのような王の要請を受け入れないならば、どれほどすべての人びとから非難され、堕落した騎士とみなされるのにあたいするかを考察する。

95 この霊操の**第二部**は、上述の地上の王の模範をわたしたちの主であるキリストに適用することであり、既述の三つの要点に対応する。

[2]**第一要点**に関して、もしわたしたちがそのような地上の王の家臣たちへの呼びかけを考察するならば、[3]わたしたちの主であり、永遠の王であるキリストを見ることは、どれだけ考察に価することか。全世界の前で彼は一人ひとりそれぞれに呼びかけ、言う。[4]「わたしの意志は、全世界とすべての敵を征服し、こうしてわたしの父の栄光に入ることである。[5]したがって、わたしと共に来たい者は、わたしと共に働かなければならない。労苦においてわたしに従い、栄光においてもわたしに従うためである。」

96 **第二**。判断と理性をもつすべての者は、全人格をその働きに捧げるであろうことを考察する。

97　**第三。**永遠の王、万物の主へのすべての奉仕において、より熱心でより秀でたい[ii]と望む者たちは、全人格をその働きに捧げるのみならず、[2]自らの感覚[iii]と肉体的かつ世俗的な愛に対して抗いながら、より価値があり、より意義ある奉献をし、こう言う。

98　「万物の永遠の主よ、あなたの恩顧と助力によって、あなたの限りない慈しみの前で、栄えある聖母と天上の宮廷のすべての聖人と聖女の前で、わたしは奉献します。[2]わたしは、欲し、望みます。また、これは熟慮された決定です。あなたへのより大いなる奉仕と賛美になる限り、[3]すべての侮辱、すべての非難、すべての貧しさ、実際の貧しさ[iv]も精神の貧しさも耐えることであなたに倣います。[4]どうかあなたがそのような生活と身分[v]へとわたしを選び、受け入れてください。」

99　**第一注意。**この霊操は、一日に二回行われる。すなわち、朝の起床時、また昼食か夕食の一時間前である。

100　**第二。**第二週のため、またそれ以降のために極めて有益なのは、『キリストに倣いて』か福音書や聖人伝を時折読むことである。

---

ii）“más afectarse y señalarse”「より熱心でより秀でる」には、騎士が功名心から励むイメージで神への奉仕に励むことがとらえられている。

iii）“sensualidad”「感覚」は、天上的なものに対する地上的なものへの愛着と執着。

iv）“pobreza actual”「実際の貧しさ」は、現実の物質的な貧しさで、“pobreza espiritual”「霊的な貧しさ」という内面的な謙遜さと対比される。

v）“estado”は「身分」で、社会的な身分の上下というよりも、社会的なレベルで選択された生き方。

101 **第一日と第一観想**は、受肉についてであり、その内に準備の祈りと三つの前備と三つの要点と一つの対話からなる。

[2] **通常の準備の祈り**。

102 **第一前備**では、わたしが観想すべきことの歴史(イストリア)をもってくる。ここでは、どのように神の三つのペルソナ[vi]が人びとで満ちた世界のすべての平面と球面を見られたか、[2] また、どのように、すべての者が地獄へ堕ちるのかを見ながら、第二のペルソナ[vii]が人類を救うために人となられることを永遠のうちに定められたか、[3] こうして、時が満ち、天使聖ガブリエルを聖母に遣わされたかを見る。

103 **第二**。場を見て、組み立てる。ここでは、大きな丸い世界[viii]を見ることである。そこにはかくも多くの、またかくも多様な民族がいる。[2] 同様に、その後、特にガリラヤ地方のナザレの町にある聖母の家と部屋を見る。

104 **第三**。わたしが望むこと[ix]を願う。ここでは、より主を愛し、主に従うために、わたしのために人となられた主を内的に知ること[x]を願う。

---

vi）“las tres personas divinas”「神の三つのペルソナ」とは、父と子と聖霊という三位一体の神の各位格のこと。

vii）“la segunda persona”「第二のペルソナ」とは、御子キリストのこと。

viii）“la grande capacidad y rondez del mundo”「大きな丸い世界」は、直訳で「世界の広大な容積と球面」で、地上に広がる世界のこと。

ix）“lo que quiero”「わたしが望むもの」は、各霊操で霊操者によってそのつど設定される主題や目的。“la gracia que quiero”（霊操 91 番）参照。

x）“conocimiento interno del Señor”「主を内的に知ること」は、キリストに関する外

105 **注意**。ここで注意するのがふさわしいのは、この準備の祈りは、初めに述べたように、変更することなしに、[2]また、三つの前備は、この週とそれに続く他の週において行われ、その形式はその題材に即して変わることである。

106 **第一要点**は、いろいろな人びとを見ることである。
第一。服装においても所作においてもかくも多様な地上の面にいる人びとを眺める。[2]白人や黒人、平和のうちにいる人びとや戦争のうちにいる人びと、泣いている人や笑っている人びと、健康な人びとや病気の人びと、生まれる人びとや死ぬ人びとなど。

[3]**第二**。神の三つのペルソナを見て、考察する。どのように神の王座と王位にあり、どのように地上の平面と球面全体を、またかくも盲目な人びとを見ているか、また、どのように彼らが死に、地獄に堕ちるのかを見ているかなど。

[4]**第三**。聖母と聖母に挨拶する天使を見る。そして、このように見ることで益を得るために振り返る。

107 **第二要点**。地上の人びとが話していることを聞く。すなわち、どのようにお互いに話しているか、どのように誓い、冒瀆するかなど。[2]同様に、神のペルソナが語っていること、すなわち、「人類を贖おう」など。[3]そして、その後に天使と聖母の話していること。それから彼らの言葉から益を得るために

的な知識ではなく、キリストとの出会いと交わりによってより深く全人的に理解すること。ここで、“el Señor”「主」とはキリストのこと。

振り返る。

108　**第三要点**。その後、地上で人びとが行っていることを見る。傷つけ、殺し、地獄に堕ちるなど。[2] 同様に、神の三つのペルソナが行われること、すなわち、聖なる受肉をされることなど。[3] また、同様に、天使と聖母が行っていること、すなわち、使者の務めを行う天使、また、謙遜で、神に感謝する聖母。[4] その後、これらのことの一つひとつから何らかの益を得るために振り返る。

109　最後に、**対話**する。その際に、神の三つのペルソナ、受肉された永遠のみ言葉[xi)]、聖母に話さなければならないことを考え、[2] 自らの内に感じるところにしたがって願う。それはこのように新たに受肉されたわたしたちの主により一層従い、倣うためである。そして、主の祈りを唱える。

110　**第二観想**は、降誕についてである。

[2] **通常の準備の祈り**。

111　**第一前備**は、歴史（イストリア）である。ここでは、聖母がどのようにナザレから出発されたか、ほぼ九か月の身重で、信心から黙想できるように[xii)]、雌ロバに座っている。[2] またヨセフと一人の下

---

xi）“el Verbo eterno encarnado”「受肉された永遠のみ言葉」とは、受肉した神のロゴス（言葉）であるキリスト（ヨハ1・14 参照）。

xii）“come se puede meditar piamente”「信心から黙想できるように」は、聖書の記述にはないものの、信心からそうであったと推定されるという意味。この一節はイグナチオ自身の手で自筆稿（アウトグラフォ）に加筆されている。

女も、一匹の雄牛を連れている。それは、ベツレヘムに行き、皇帝がその地方のすべてで課した税を納めるためである。

112 **第二**。場所を見て、組み立てる。ここでは、想像の目で、ナザレからベツレヘムまでの道を見る。その際に、長さ、幅、またその道が平坦なのか、谷や坂を通るのかを考察する。[2] 同様に、誕生の場所や洞穴を見る。どれくらい大きいのか、どれだけ小さいのか、どれだけ低いのか、どれだけ高いのか、そしてどのように準備されていたかを見る。

113 **第三**。第二前備と同じもので、先行する観想におけるものと同じ形式による。

114 **第一要点**は、人びとを見ることである。すなわち、聖母とヨセフと下女、そして誕生した後の幼子イエス。[2] その際、自らを小さな貧しい者、取るに足らない僕とし、彼らを見て、観想し、必要に応じて彼らに奉仕する。そこに居合わせているかのように、できるかぎりのすべての畏敬と尊敬をもって。[3] それから、何らかの益を得るために、自己自身を振り返る。

115 **第二**。彼らの話していることを見て、注意し、観想する。そして、自己自身を振り返り、何らかの益を得る。

116 **第三**。彼らの行っていること、歩いていることや働いていることなどを見て、考察する。主がこのうえない貧しさのうちに生まれ、[2] そして、飢えと渇き、暑さと寒さ、侮辱と辱め、そのような数多くの労苦の果てに、十字架上で死ぬために。このすべてはわたしのためである。[3] その後、振り返り、何らかの霊的な益を得る。

117　**対話**で締めくくる。先行する観想におけるように、そして主の祈りで締めくくる。

118　**第三観想**は、第一と第二霊操の反復である。

[2] 準備の祈りと三つの前備の後、第一と第二霊操の反復をする。[3] その際に、その人が何かを知り、慰めか荒みを感じた、より中心的ないくつかの部分に常に注目する。同様に、締めくくりに対話、そして主の祈り。

119　**注意**。この反復と以下のすべてにおいて、第一週の反復でとった同じやり方をする。その際に、題材は変えるが、形式は保つ。

120　**第四観想**は、第一と第二の反復である。上述の反復でなされた同じやり方である。

121　**第五**は、第一と第二観想に五感をあてる。

[2] 準備の祈りと三つの前備の後に有益なのは、以下のやり方で、第一と第二観想を想像の五感でたどることである。

122　**第一要点**は、人びとを想像の目で見ることである。彼らの状況を一つひとつ黙想し、観想し、その情景から何らかの益を得る。

123 **第二**。人びとの話していること、あるいは話しているであろうことを聴覚で聞く。そして、自己自身を振り返り、そこから何らかの益を得る。

124 **第三**。観想の対象となる人物にしたがって、霊魂、徳、そのすべての神性の無限の穏やかさと甘美さを嗅覚と味覚で嗅ぎ、味わう。[2] 自己自身を振り返り、そこから益を得る。

125 **第四**。触覚をもって触れる。そのような人びとの踏み、座っている場所を抱き、口づけする。その際に、常にそこから益を得るように努める。

126 第一と第二観想［109, 117］のように、**対話**をもって締めくくる。また主の祈りで。

127 **第一注意**。この週とそれに続くその他の週のために注意しなければならないことは、すぐに行う観想の秘義のみを読むべきだということである。[2] その日かその時間にやらない、いかなる秘義も、そのときは読まない。それはある秘義の考察が他の秘義の考察を妨げないためである。

128 **第二**。受肉についての第一霊操は真夜中にする。第二は夜明け、第三はミサの時、第四は晩課の時、そして第五は夕食の前。[2] この五つの霊操の一つひとつで一時間とどまる。そして、以下のすべてにおいてこの同じ順序を保つ。

129 **第三**。注意すべきことは、霊操をする者が高齢か虚弱ならば、あるいは、たとえ頑健でも、もし第一週でいくらかでも弱くなったならば、[2]この第二週では、少なくとも時には真夜中に起きず、朝に一つの観想をし、他はミサの時、他は昼食前にし、[3]それらについて晩課の時に反復し、そしてその後に夕食前に諸感覚をあてる方が良い。

130　**第四**。この第二週では、第一週で述べられたすべての十の付則のうち、第二、第六、第七、第十付則［74, 78, 79, 82］が変更されねばならない。

[2]第二付則は、目覚めると、やるべき観想をわたしの前に置く。その際、受肉した永遠のみ言葉をより知ることができるように望む。それは、彼により仕え、従うためである。
[3]また、第六付則は、受肉から始め、これから観想する場所や秘義までの、わたしたちの主キリストの生涯と秘義をしばしば思い起こす。
[4]また、第七付則は、霊操する者が望むものを見いだすために益となり、助けとなりうると感じる程度で、暗さや明るさを保ち、気候の良し悪し[xiii)]を用いるように心がける。
[5]第十付則では、霊操する者は、観想する秘義にしたがって振る舞うべきである。それはあるものは償いが求められるが、他はそうではないからである。
[6]このように、十付則のすべては細心の注意をはらって行うべきである。

---

xiii) “buenos temporales o diversos”「気候の良し悪し」は、様々な気候条件。ただし、“buenos” を “bienes” のように名詞ととらえるならば、「時間的な実際のことや様々なこと」で、霊操する環境の具体的な諸条件となる。

131 **第五注意**。すべての霊操において、真夜中と朝の霊操を除いて、第二付則［74］に相当するものを以下のやり方で行う。[2] やるべき霊操の時間であることを思い出すとすぐ、その霊操に行く前に、自らがどこに、また誰の前に赴くのかを眼前におき、[3] やるべき霊操を少しまとめ、そして第三付則［75］をした後、霊操に入る。

132 **第二日**。神殿での奉献［268］、エジプトへの追放のような避難［269］を第一と第二の観想とする。[2] そして、この二つの観想に、前の日になされたのと同じやり方で、二つの反復を行い、五感をあてる。

133 **注意**。時に有益なのは、霊操する者が頑健で態勢が整っていたとしても、望んでいるものをより良く見いだすために、この二日目から四日目を含むまでを変更することである。[2] つまり、夜明けに一つの観想だけをとり、もう一つはミサの時にとる。そして、それらについて晩課の時に反復し、夕食の前に五感をあてる。

134 **第三日**。どのように少年イエスがナザレで両親に従順であったか［271］、またどのように両親が彼を神殿で見つけたか［272］。そして、引き続き、二つの反復をし、五感をあてる。

135

身分を考察するための前備

[2] わたしたちの主キリストが第一の身分のためにわたしたちに与えた模範はすでに考察した。それは両親に対して従順でありながら掟を守ることにある。[3] また同様に、福音的完徳

についての第二の身分のための模範を考察したが、それは、イエスが神殿にとどまり、養父と生母を残し、永遠の父への純粋な奉仕に熱心に励むことにある。[4] これから始めるのは、キリストの生涯を観想するとともに、わたしたちのどの生活と身分で神に奉仕することを望まれるのかを調べ、求めることである。[5] そこで、その何らかの導入として、以下の第一霊操においてわたしたちの主キリストの意図を見、またその反対に人間本性の敵の意図を見る。[6] そして、わたしたちの主である神がわたしたちに選ばせる、いかなる身分や生活においても完徳に至るためには、わたしたちはどのように態勢を整えなければならないのかを見る。

136 **第四日**。二つの旗の黙想。一つは、最高指揮官かつわたしたちの主であるキリストの旗。もう一つは、わたしたちの人間本性の天敵である、ルシフェルの旗。

[2] **通常の準備の祈り**。

137 **第一前備**は歴史（イストリア）である。ここでは、どのようにキリストがその旗のもとにすべての者たちを呼び、望んでいるか。また、これに対して自らの旗のもとにそうするルシフェル。

138 **第二**。場所を見て、組み立てる。ここで見るのは、エルサレムの全地方の広大な陣営である。そこでは、善人たちの最高指揮官はわたしたちの主キリストである。[2] 他の陣営はバビロニア地方にあり、そこで敵たちの首領はルシフェルである。

139 **第三**。望むものを願う。ここでは、悪の首領の欺きを知ること、またその欺きからわたしを守るための助けを願う。[2] また、真の最高指揮官が示す真の生命を知ること、また彼に倣うための恵みを願う。

140 **第一要点**は、すべての敵の首領がバビロニアのかの広大な陣営に座しているのを想像する。それは炎と煙の大きな座で、恐ろしく凄まじい姿である。

141 **第二**。敵の首領がどのように無数の悪魔に呼びかけ、また、どのようにある者たちをその町に、他の者たちを別の町に分散させるのかを考察する。[2] また、そのように世界中へと、いかなる地方、場所、身分であろうと、一人ひとりの誰をもそのままにはしておかない。

142 **第三**。ルシフェルが彼らにする話、またどのように彼らに網や鎖を投げるように諭すのかを考察する。[2] まず富への欲望で誘うが、ほとんどの場合、富への欲望より容易に世の虚しい名誉、それから増大する高慢に至るためである。[3] したがって、第一段階は富にあり、第二は名誉にあり、第三は高慢にある。そして、この三つの段階が他のすべての悪徳へとそそのかすのである。

143 それとは反対に、真の最高指揮官、わたしたちの主キリストについて想像しなければならない。

144 **第一要点**で考察するのは、どのようにわたしたちの主キリストがエルサレムのかの地方の広大な陣営におられるのかである。慎ましく、麗しく、気品に満ちた場所である。

145 **第二**。考察するのは、どのようにすべての人の主がかくも多くの人びと、使徒たち、弟子たちなどを選びだし、彼らを全世界へと派遣するのかである。彼らはあらゆる身分と階級の人びとに主の聖なる教えを広めている。

146 **第三**。考察するのは、わたしたちの主キリストが、そのような遠征に派遣するすべての僕と友にする話である。[2] その際に、すべての人びとを助けることを委ねる。それは、まず最高の霊的な貧しさ、[3] そして、もし神に役に立ち、神が彼らを選ぶことを望まれるならば、実際の貧しさ[xiv)] へと。[4] 第二に、辱めと蔑みへの望みにまで。それはこの二つのことは謙遜につながるからである。[5] したがって、それには三つの段階がある。第一は富に対する貧しさ、第二は世の名誉に対する辱めと蔑み、第三は高慢に対する謙遜である。[6] そして、この三つの段階から他のすべての徳へと導くのである。

147 聖母との**対話**。それは、主である御子の恵みを得るため、またその旗のもとに受け入れられるためである。[2] そして、第一に最高の霊的な貧しさ、またもし神に役に立ち、神がわたしを選び、受け入れることを望まれるならば、実際の貧しさにも。[3] 第二に、辱めと蔑みを耐え忍び、そのことでより主に倣うことである。ただし、それがいかなる人の罪にもならず、神の喜ばれないことにもならず耐え忍ぶことができるならば。そして、これと共にアヴェ・マリアの祈り。

[4] **第二の対話**。同じことを御子に願い求める。御父からいただくことができるように。そして、これと共にアニマ・クリ

---

xiv）“pobreza actual”「実際の貧しさ」。

スティを唱える。

[5] **第三の対話**。同じことを御父に願い求める。御父がわたしにそれを賜るように。そして、主の祈りを唱える。

148 **注意**。この霊操は真夜中にする。そしてその後もう一度朝に、そしてミサの時と晩課の時にこの同じものの二つの反復をする。[2] その際には、常に三つの対話、つまり聖母、御子、御父との対話で締めくくる。[3] そして、夕食前の時にこれに続く各種の人[xv)] の霊操をする。

149 同じ**第四日**に三種の人の黙想をする。それは最善のものを抱くためである。

[2] **通常の準備の祈り**。

150 **第一前備**は三種の人の歴史（イストリア）である。彼らの一人ひとりは、一万ドゥカード[xvi)] を手に入れたが、純粋かふさわしく神への愛からではない。[2] また、すべての者たちは、手に入れたものへの愛着ゆえの重みや妨げを自らから取り除くことで、救われ、わたしたちの主である神を平和のうちに見いだしたいと望んでいる。

151 **第二**は、場を見て組み立てる。ここでは自分自身を見ること

---

xv）“los binarios”「各種の人」。“binario”は一組を意味するが、ここで“binarios”は様々な種類のこと。

xvi）“diez mil ducado”「1 万ドゥカード」。1 ドゥカード金貨の約 3.5 グラムの金含有量からある程度で現代の貨幣価値への換算を試みることもできるが、貨幣価値自体は常に相対的なので、ここでは入手困難な大金とすれば足りるであろう。

である。つまり、わたしがわたしたちの主である神とそのすべての聖人たちの前にどのようであるのかであり、それは善である神[xvii] により喜ばれるものを望み、知るためである。

152 第三は、望むものを求めることである。ここでは、さらに神の栄光とわたしの霊魂の救いとなるものを選ぶための恵みを願う。

153 第一種は、手に入れたものに抱いている愛着を離れたい。それは平和のうちにわたしたちの主である神を見いだし、救われるためである。だが、死の時に至るまで手立てを講じない。

154 第二種は、愛着を離れたいと望むが、手に入れたものにとどまりながら、愛着から離れたいと望む。つまり、彼の望むところに神が来るように望むのであり、[2] たとえ彼のために最善の身分であったとしても、神に向かうために、それを手放すことを決断しない。

155 第三種は、愛着から離れることを望み、手に入れたものを保つか保たないかということへの愛着をも抱かず、愛着から離れることを望む。[2] 手に入れたものを望むか望まないかは、ただわたしたちの主である神のみ旨にまかせ、またその人に神への奉仕と賛美にとってより良いと思われるところによる。[3] また、愛着ではすべてを離れようとし、もしわたしたちの主である神への奉仕のみに動かされないならば、他のいかなることをも望まないように力を尽くす。[4] わたしたちの主で

xvii) “la sua divina bondad”「善である神」。

ある神により良く奉仕するという望みがそのことを取るか離れるかを動かすのである。

156　先の二つの旗の観想で行ったのと同じ**三つの対話**をする［147］。

157　**注意**。注意すべきことは、わたしたちが愛着か実際の貧しさに対する嫌悪を感じるとき、貧しさや富に対して不偏ではないとき、[2] 非常に有益なのは、そのような乱れた愛着を消すために、諸対話において願うのは（たとえ肉に反するとしても）、主が実際の貧しさに選ばれるように願い、[3] またもし神的善への奉仕と賛美になることのみを望み、願い、懇願することである。

158　**第五日**。わたしたちの主キリストのナザレからヨルダン川への出発と、洗礼を受けられたかについての観想である［273］。

159　**第一注意**。この観想は、真夜中に一度行い、またもう一度朝に行う。そして、それについての二つの反復を、ミサの時と晩課の時、また夕食前にそれに五感をあてる。[2] この五つの霊操の一つひとつに通常の準備の祈りと三つの前備を行うが、このすべては受肉［102］と降誕［111］の観想で説明されたところによる。[3] そして、三種の人の三つの対話で締めくくり［147］、各種の人［157］の後に続く注意にしたがって行う。

160　**第二注意**。昼食後と夕食後の特別エクサメンは、この日の霊操と付則に関する足りないところと怠りについて行い、以下の霊操においてもそのようにする。

161 **第六日**。わたしたちの主キリストがどのようにヨルダン川から荒れ野に行かれたかまでを含む観想。すべてにおいて第五日目［274］と同じ形式をとる。

[2] **第七日**。聖アンデレと他の者たちがどのようにわたしたちの主キリストに従ったのか［275］。

[3] **第八日**。山の説教、つまり真福八端について［278］。

[4] **第九日**。わたしたちの主キリストがどのようにその弟子たちに湖の波の上で現れたか［280］。

[5] **第十日**。主がどのように神殿で説教されたか［288］。

[6] **第十一日**。ラザロの復活について［285］。

[7] **第十二日**。枝の日について［287］。

162 **第一注意**。この第二週の観想では、各自がかけたい時間や役立つところにしたがって、長くしたり、短くしたりすることができる。[2] もし長くするならば、聖母の聖エリサベト訪問、羊飼いたち、幼子イエスの割礼、三人の王たち、またその他の秘義をとる。[3] また、もし短くするならば、ここにあるものをも取り除く。それは、後でより良く、より徹底的に観想するための導入と方法をあたえるものだからである。

163 **第二**。選定の題材は、ナザレからヨルダンまでを含む観想から始まる。それは、第五日で、以下に述べられているとおりである。

164 **第三**。選定に入る前、わたしたちの主キリストの真の教えに動かされるために、[2] 極めて有益なのは、以下の謙遜の三様態を考察し、注意を向け、また、一日中しばしばそれについて考察することである。[3] また同様に対話するが、それは以下で述べられるとおりである［168］。

謙遜の三様態

165 **謙遜の第一様態**は、永遠の救いのために必要である。すなわち、できる限り自分を低くし、そして自分の中で謙遜になることであり、それはすべてにおいてわたしたちの主である神の法に従うためである。[2] したがって、たとえこの世で造られたすべてのものの主とされたとしても、現世での自らの命のためでも、神の掟であろうと人間の掟であろうと、大罪となるような掟に背くようなことは考えない。

166 **第二**は、第一のよりも完全な謙遜である。すなわち、もし貧しさよりも富をもつこと、不名誉よりも名誉を望むこと、短い命よりも長い命を欲することを望んだり、愛着がないならば、[2] 同じようにわたしたちの主である神への奉仕と自らの霊魂の救いになるならば、さらに、すべての造られたもののためであっても、命を失わないためであっても、小罪を犯すことさえも考えない。

167 **第三**は、最も完全な謙遜である。すなわち、第一と第二の謙遜をも含め、同じように神の賛美と栄光となり、[2] 実際にわたしたちの主キリストに倣い、より似た者となるために、[3] 貧しいキリストと共に、富よりも貧しさを、辱めに満ちたキリストと共に、名誉よりも辱めをわたしは望み、選ぶ。[4] そして、この世で博学で賢明とみなされるよりも、キリストが先にみなされていたように、キリストのために無益で狂気とみなされることを望む。

168 **注意**。このように、この第三の謙遜に到達したいと望む者にとって極めて有益なのは、既に述べた三種の人の三つの対話［147, 156］をすることである。[2] その際に願うのは、彼により倣い、仕えるためであり、もし神への奉仕と賛美に同じかそれ以上になるならば、わたしたちの主が、この第三の、より偉大でより良い謙遜へと選ばれることを望まれることである。

169

選定するための前備

[2] すべての良い選定において、わたしたちの側では、わたしたちの意向のまなざしは単純でなければならず、唯一わたしたちが造られたことのため、つまりわたしたちの主である神の賛美とわたしの霊魂の救いのみを見るのである。[3] こうして、わたしの選ぶいかなることも、わたしの造られた目的のためにわたしの助けとならなければならず、手段に目的を合わせるのではなく、むしろ目的に手段を整え、合わせるのである。[4] よくあるのは、多くの人たちが、まず結婚することを選ぶが、それは手段である。そしてまた副次的に結婚においてわたしたちの主である神に仕えることを選ぶが、神に仕えることが目的なのである。同様に、他の人たちは、まず聖職禄をもつこと、それからそこで神に仕えることを望む。[5] したがって、この人たちは、真っすぐに神に向かわず、望むのは、神が乱れた愛着へと真っすぐにくることであり、結果として、目的を手段とし、手段を目的とするのである。こうして、最初にとるべきものを最後にとることになるのである。[6] というのは、まず、目的である神に仕えようと望むことを対象としてすえなければならず、そしてまた、聖職禄を得るか結婚するかは、もしわたしによりふさわしいならば、目的のための手段となるのである。[7] このように、いかなる

こともそのような手段をとるかやめるかへと動かしてはならず、ただわたしたちの主である神への奉仕と賛美、そしてわたしの霊魂の永遠の救いでなければならないのである。

170 いかなることについて選定すべきかについて知るためであり、それは四つの要点と一つの注意からなる。

[2] **第一要点**。わたしたちが選定することを望むすべてのことは、偏らないものであること、あるいはそれ自体で良いものであり、また聖なる母である位階的教会の中で戦うものであり、それ自体で良いものであり、また聖なる母である位階的教会の中で戦うものであり、また悪いものではなく、教会に反するものでない必要がある。

171 **第二**。変更不可能な選定のもとにあるものがある。それは、司祭職、結婚などである。[2] 変更可能な選定のもとにあるものがある。それは、聖職禄を受けとるか受けとらないか、現世的な財産を受け取るか放棄するかなどである。

172 **第三**。変更不可能な選定においては、既に一度選定したならば、それ以上に選定することはない。なぜなら、解消されえないからである。それは、結婚、司祭職などである。[2] 唯一注意すべきことは、もし、無秩序な愛着なしに、しかるべき、秩序づけられた選定がなされなかったならば、悔悟しながらも、その選定において良い生活を送るように努める。[3] そのような選定は、秩序づけられていない、傾いた選定であるため、神の召命ではないようである。それは、ちょうど多くの者たちが、傾いているか悪い選定を神の召命とすることによって誤るようにである。[4]というのは、すべての神の召命は、常に純粋で清く、肉や他のいかなる秩序づけられていない愛着が混同することがないからである。

173 **第四**。もし誰かが、変更可能な選定のもとにあることについて、しかるべき、秩序づけられた選定をし、肉や世に至るのでないならば、[2]新たに選定する理由はなく、そこでできる限り完全になるようにする。

174 **注意**。注意すべきことは、もしその変更可能な選定が真摯できちんと秩序づけられていないならば、[2]はっきりとした、わたしたちの主である神に大いに喜ばれる実りがでてくる望みを抱いている者が、しかるべく選定をすることは有益である。

175 **それぞれに健全で良い選定をするための三つの時機**

[2]**第一の時機**は、わたしたちの主である神が意志を動かし、引き寄せるときであり、疑うことなく、また疑うこともできず、その敬虔な霊魂が示されたことに従う。[3]ちょうど聖パウロや聖マタイがわたしたちの主であるキリストに従う際に行ったようにである。

176 **第二の時機**は、慰めと荒みの体験と種々の霊の識別の経験から、十分な明白さと認識が得られるときである。

177 **第三の時機**は、平静であり、まず考察するのは、何のために人間は生まれたのか、すなわちわたしたちの主である神を賛美し、霊魂を救うためということである。[2]そして、これを望みながら、教会の枠内で、主への奉仕と霊魂の救いで助けとなるために、ある生活や身分を手段として選ぶ。[3]平静な時というのは、霊魂が、種々の霊で乱されることなく、自然の能力を自由に静かに用いるときである。

178 第一や第二の時機に選定がなされないならば、第三の時機に関する二つのやり方にしたがって選定を行う。

[2] 健全で良い選定をするための第一のやり方は、六要点からなる

[3]**第一要点**は、選定したいことを前に置く。それは職位や聖職禄を受け取るか放棄するかについて、あるいは変更可能な選定になる他のいろいろなことについてなどである。

179 **第二**。必要なのは、わたしたちの主である神を賛美し、わたしの霊魂を救うという、自らが造られた目的を目的とすることである。[2]そして、いかなる乱れた愛着もなく、偏っていないことである。つまり、提示されたものを放棄することよりも受け取ることにも、またそれを受け取ることよりも放棄することにも傾かないし、愛着ももたない。[3]むしろ、それは、自らが秤の真ん中にあるかのように、わたしたちの主である神の栄光と賛美とわたしの霊魂の救いによりなると感じるところに従うためである。

180 **第三**。わたしたちの主である神が、わたしの意志を動かし、わたしがなすべきこと、また、提示されたことに関して、よ

り神の賛美と栄光となることをわたしの霊魂のうちにおかれるように、わたしたちの主である神に願う。[2]その際、良く忠実に知性をもって思いめぐらし、至聖なるみ旨の嘉されるところに即して選ぶ。

181 **第四**。提示された職位や聖職禄を受け取ることで、唯一わたしたちの主である神の賛美とわたしの霊魂の救いのために、どれだけの便宜と益がもたらされるのかを熟考しながら考察する[xviii)]。[2]また、逆に、それを受け取ることにともなう不便と危険を同時に考察する。[3]同じことを第二部でする。すなわち、それを受け取らないことによる便宜と益を見る。また、逆に、それを受け取らないことによる不便と危険を見る。

182 **第五**。このように提示されたことについて、すべての側面を思いめぐらし、熟考してから、理性がどこにより傾いているのかを見る。[2]こうして、より大きな理性的な動きにしたがい、いかなる感覚的な動きにしたがうことなく、提示されたことについて決定すべきである。

183 **第六**。こうした選定ないし決定をしてから、そのようにした人は、大きな熱意をもって、わたしたちの主である神の前の祈りへと向かい、[2]この選定を捧げる。それは、神のより大いなる奉仕と賛美になり、神がそれを受け入れ、是認されるためである。

---

xviii）“considerar, racionando”「熟考しながら考察する」は、イグナチオ的な冗語法。

184　健全で良い選定をするための第二の方法は、そのうちに四つの規則と一つの注意を含む

[2] **第一**。わたしを動かし、このようなことを選ばせる愛は、上から、神の愛から降る。[3] 選定する者は、まず自らのうちに、選ぶことへと抱く愛が、多かれ少なかれただ創造主のためだけであることが感じられなければならない。

185　**第二**。自分が一度も会ったこともない、知らない人物を見る。そして、その人の全き完徳を望みながら、わたしたちの主である神のより大いなる栄光とその人の霊魂のさらなる完全さのために、彼が行い、選ぶように、わたしが彼に言うであろうことを考察する。[2] そして、わたしも同様にしながら、他の人のために定める規則を守るようにする。

186　**第三**。臨終にあるかのように、現在の選定のあり方において、そのときにすべきであったと望むような形式と基準を考察する。そして、それに即して、すべてのわたしの決定において行う。

187　**第四**。裁きの日に自らがどうなっているのかを見、考察しながら、そのときに現在のことについてどう決定したかったかを考える。[2] そして、そのときに守っておきたかったと望むような規則を今守る。それはそのときに全き喜びと楽しさとともにあるためである。

188　**注意**。上述の規則をわたしの救いと永遠の安らぎのために受け入れ、選定するための第一の方法の第六要点［183］に即し

て、わたしの選定をし、わたしたちの主である神に奉献する。

189 自らの生活と身分を正し、改めるために

[2] 注意すべきことは、教会的身分や婚姻の身分にある人びとについては（現世の富が豊富であろうとなかろうと）、[3] 変更可能な選定のもとにある事柄の選定をするための余地もはっきりとした意志もない場合、[4] 極めて有益なのは、選定をする代わりに、各々自身の生活と身分を正し、改める形式と方法をあたえることである。[5] すなわち、自らが造られたものであることxix)、生活や身分をわたしたちの主である神の栄光と賛美、また自らの霊魂の救いのために捧げる。[6] この目的に至り、達するために、既に述べられているところ［175-188］にしたがって、選定の諸霊操と方法をとおしてよく考察し、熟考しなければならない。[7] どれだけの家と使用人をもつべきか、どのようにそれを支配し、統治するべきか、どのように言葉と模範をもって彼らに教えるべきか、[8] 同様に、財産について、どれだけ使用人と家のためにとるべきか、またどれだけ貧しい人びとと他の信心深いことに配分するためにとるべきかである。[9] その際には、すべてにおいて、すべてをとおして、わたしたちの主である神のより大いなる賛美と栄光以外の何ものをも欲することも、探し求めることもしない。[10] というのは、各々一人ひとりが、自らの愛と欲求と関心を離れれば離れるほど、すべての霊的なことがらにおいて有益であることを考えるべきだからである。

xix） “su creación”「自らが造られたものであること」とは、造られたものとしての自己の存在のこと。

第 三 週

190　**第一日**。**第一観想**は、真夜中に、わたしたちの主キリストがベタニアからエルサレムへと向かわれたことで、最後の晩餐までを含む［289］。そして、そのうちには準備の祈りと、三つの前備、六つの要点と一つの対話からなる。

[2] **通常の準備の祈り**。

191　**第一準備**は、歴史(イストリア)をすえる。ここでは、わたしたちの主キリストが、晩餐を準備するために、二人の弟子をエルサレムに遣わし、その後、彼自身も、他の弟子たちと共にそれに行かれたこと、[2] また、過越の小羊を食べ、晩餐をした後、彼らの足を洗い、至聖なる体と尊い血を弟子たちに与え、そしてユダが主を売るために出ていった後、彼らに説教されたこと。

192　**第二**。場を見て、組み立てる。ここでは、ベタニアからエルサレムまでの道を考察する。広いか、狭いか、平らかなど。[2] 同時に、晩餐の場、大きいか小さいか、あのようであったか、このようであったかなど。

193　**第三**。望むものを願う。ここでは、痛み、悲しみ、戸惑いである。それは、わたしの罪のために、主が受難へと向かわれるからである。

194 **第一要点**は、晩餐の人びとを見ることである。また、わたし自身を振り返りながら、そこから何らかの益を得るように努める。

[2] **第二**。彼らの話していることを聞く。また、同様にそこから何らかの益を得る。

[3] **第三**。彼らの行っていることを見る。また、何らかの益を得る。

195 **第四**。観想する経緯にしたがって、わたしたちの主キリストが、人性において[i)] 苦しみ、苦しもうとすることを考察する。[2] ここでは、力強く始め[ii)]、苦しみ、悲しみ、泣くように努める。また、それに続く他の諸点でもそうする。

196 **第五**。なぜ神性が隠されているのかを考察する。すなわち、なぜ敵を打ち砕くことができながら、そうしないのか、また、至聖なる人性をかくも残虐に苦しめさせるのか。

197 **第六**。いかに彼がこのすべてをわたしの罪のために苦しまれているのかなどを考察する。また、わたしは彼のために何をし、苦しまなければならないのかを考察する。

198 わたしたちの主キリストとの**対話**と最後に主の祈りで締めく

---

i）“en la humanidad”「人性において」は、人間としてのキリストという意味。キリストの「神性（la divinidad）」と「人性（la humanidad）」（霊操 196 番参照）——各種ラテン語訳では、“divinitas” / “humanitas”——という対概念は、カルケドン公会議（451 年）以来の古典的キリスト論の基本的定式を背景としている。

ii）“comenzar con mucha fuerza”「力強く始める」は、熱意をもって取り組み始めること。

くる。

199 **注意**。注意すべきことは、以前に部分的に述べたように[54]、対話においては、題材に即して思いめぐらし、願わなければならない。[2]すなわち、自らが誘惑されたり、慰められたりしたところにしたがって、またある徳かその他の徳を持ちたいという望みにしたがって、自らについてあるあり方か、その他のあり方へと整えたいところにしたがって、自らについてあるあり方かその他へと整えたいところかにしたがって、観想していることについて悲しんだり、喜んだりしたいところにしたがって、[3]最後に、何らかの特定のことがらについてより効果的に望むことを願うのである。[4]こうして、わたしたちの主キリストと一つだけの対話を、あるいは、題材や信心が動かすならば、聖母と一つ、御子と一つ、御父と一つずつ三つの対話をすることもできる。[5]その形式は、第二週、二種の人の黙想［156］、各種の人に続く注意［157］で述べられている。

200 **第二霊操**は、朝で、晩餐から園までが含まれる。

[2] **通常の準備の祈り**。

201 **第一前備**は歴史(イストリア)である。ここでは以下である。わたしたちの主キリストが十一人の弟子たちと共に晩餐をしたシオンの山からヨシャファトの谷へと下り、[2]八人を谷のある場所に残し、他の三人を園のある場所に残し、[3]祈り始め、血の滴のような汗を流し、[4]そして三度御父に祈りをしてから、三人の弟子たちを起こした。そして、彼の声で敵たちが倒れてから、[5]ユダが彼に平和の接吻をし、聖ペトロがマルコスの耳を切り落とす。キリストはそれを元に戻し、[6]犯罪者のように捕らえられる。彼らはキリストを連れて谷を下り、それから坂を上ってアンナスの家へと向かう。

202　**第二は**、場を見ることである。ここでは、シオンの山からヨシャファトの谷への道を考察し、同様に園も、広いか、長いか、どのようであるかを考察する。

203　**第三は**、望むものを願うことである。ここで願うのは、受難において願うのにふさわしいものである。すなわち、痛むキリストと共にある痛み、打ち砕かれたキリストと共にある打ち砕かれること、涙、キリストがわたしのために苦しまれた、かくも大きな苦しみについての内的な苦しみ。

204　**第一注意**。この第二観想では、準備の祈りと既に述べた三つの前備をした後、晩餐の第一観想でなされた要点と対話を同じやり方で行う。[2]そして、ミサと晩課の時に、第一と第二観想について、二つの反復をする。その後、夕食前に、二つの既に述べた観想に五感をあてる。[3]第二週で述べ、説明したのと同じ形式で［119, 159, 72 参照］、題材に即して、準備の祈りと三つの前備が常にその前におかれる。

205　**第二注意**。年齢、態勢、気質が霊操する者の助けとなるように、毎日、五つの霊操かそれ以下を行う。

206　**第三注意**。この第三週では、第二、第六付則が部分的に変更される。[2]第二は、目覚めるとすぐに、わたしはどこへ、また何に赴こうとしているのかを自らの前におく。秘義に即してやりたい観想を少しまとめる。[3] 起床し着衣する間、またわたしたちの主キリストが味わわれたこのうえない悲しみや苦しみについて悲しみ、苦しむように努める。

[4] 第六は、次のように変更する。復活や栄光についてなどのように、たとえ善で聖なるものであっても、喜ばしい考えをもたらさないように努める。むしろ、自分自身に、痛み、苦しみ、打ち砕かれた心を起こすようにし、[5] わたしたちの主キリストが、生まれた時点から、現在自分のいる受難の秘義までに味わわれた労苦、困難、痛みをしばしば思い起こす。

207 **第四注意**。前の週にしたように [160]、現在の霊操と付則についての特別エクサメン。

208 **第二日**。真夜中に観想するのは、園からアンナスの家まで [291]。そして、朝には、アンナスの家からカイアファの家まで [292]。[2] その後、既に述べたところにしたがって [204]、二つの反復の後に五感をあてる。

[3] **第三日**。真夜中に、カイアファの家からピラトまで [293]。そして、朝には、ピラトからヘロデまで [294]。[4] その後、既に述べた形式で [204]、反復と五感。

[5] **第四日**。真夜中に、ヘロデからピラトまで [295]、同じピラトの家についての秘義の半分までやって観想し、[6] その後、朝の霊操で同じ家について残っている他の秘義、そして既に述べたように [204]、反復と五感。

[7] **第五日**。真夜中に、ピラトの家から十字架につけられるところまで［296］、そして朝に、十字架に上げられたところから息を引き取るまで［297］。その後、二つの反復と五感［204］。

[8] **第六日**。真夜中に、イエスを下ろした十字架から、墓までだけ[iii)]。また、朝に、墓を含むところから[iv)]［298］、御子が葬られた後に聖母の行かれた家まで。

[9] **第七日**。真夜中と朝の霊操では、すべての受難の観想を一緒に。[10] また、二つの反復と五感の代わりに、その日は、できる限り頻繁に、どのようにわたしたちの主キリストの至聖なるからだが、霊魂から解き放たれ、離れたか、そしてどこで、どのように葬られたか。[11] 同様に、聖母の孤独、それと共にかくも大きな苦しみと疲れを考察する。その後、他方で、弟子たちの苦しみと疲れも。同様に、聖母の孤独、それと共にかくも大きな苦しみと疲れを考察する。その後、他方で、弟子たちの苦しみと疲れをも。

209 **注意**。注意すべきことは、受難をより長くしたい者は、各観想においてより少ない秘義をとるべきである。すなわち、第一観想では晩餐のみ、[2] 第二では足を洗うこと、第三では彼らに秘跡を授けること、第二では足を洗うこと、第三では彼らに秘跡を授けること、第四ではキリストが彼らにした説教、

---

iii）“hasta el monumento exclusive”「墓を除く前まで」は、「墓の（観想の）前まで」ということ。

iv）“desde el monumento inclusive”「墓を含むところから」は、「墓（の観想）から」ということ。

そしてそのように他の観想や秘義でも。
[3]同様に、受難を終えてから、一日全体をすべての受難の半分、そして二日目には残りの半分、そして三日目には受難全体をとる。
[4]逆に、受難をより短くしたい者は、真夜中に晩餐、朝に園、ミサの時にアンナスの家、晩課の時にカイアファの家、夕食前の時間の代わりにピラトの家。[5]反復もせず、反復もせず、五感もあてず、毎日異なる五つの霊操、また各霊操でわたしたちの主キリストの異なる秘義を観想する。[6]そして、このようにすべての受難を終えてから、別の日に、より有益となりうると思われるように、一つの霊操かいくつかの異なる霊操で、すべての受難をまとめて一緒にすることもできる。

210 今後食事する際に自らを秩序づけるための規則

[2]**第一の規則**。パンを控えるのは、あまり適当ではない。それは、パンは食欲がそれほど無秩序なものとはならない食べ物であり、あるいはパンの誘惑は他の食べ物ほど執拗ではないからである。

211 第二。飲むことについては、パンを食べることについてよりも、節制によりふさわしいであろう。[2]それゆえ、容認するために益となること、放棄するために害となることをよく見なければならない。

212 第三。食事に関しては、最大かつ最も完全な節制を守らねばならない。それは、この部分で、食欲が無秩序になりがちであるように、誘惑にそそのかされやすいからである。[2]食べものでの節制は、無秩序を避けるために、二つのやり方で守る。一つは粗末な食べものに慣れることである。もう一つは、洗練されていれば少量にすることである。

213 **第四**。病気にならないように気をつけつつ、適量をも減らせば減らすほど、食べることや飲むことで保つべき中庸に速やかに到達する。それは二つの理由からである。[2] 第一は、そのように自らを助け、自らを整えながら、しばしば内的な知識、慰め、神的な霊感をより感じるようになり、その人にふさわしい中庸が示されるからである。[3] 第二は、その人がそのような節制にありながら、霊操のための体力も態勢もないならば、肉体的な維持にふさわしい量を容易に判断できるのである。

214 **第五**。食事をしている間、わたしたちの主キリストがその使徒たちと共に食事しているのはどのようかを考察すべきである。また、どのように飲み、どのように見て、どのように話しているのか。そして、彼に倣うように努める。[2] その際、知性の主要な部分はわたしたちの主の考察に取り組み、肉体的な維持にはより少なく。[3] それは、こうして、どのように振る舞い、支配するかについて、よりすぐれた調和と秩序づけを行うからである。

215 **第六**。また、食べている間、聖人たちの生涯についてか、何らかの信心深い観想についてか、何らかのなすべき霊的な事柄かなどについての他の考察をすることもできる。[2] それは、こうしたことに注意深くなることで、肉体的な食事への楽しみと感覚が少なくなるからである。

216 **第七。**何よりも気をつけなければならないのは、心のすべてが食べるものに向けられてしまい、食欲のままに急いで食事することである。[2]そうではなく、食べる量と同様に、食べ方においても、自らについて主でなければならない[v)]。

217 **第八。**無秩序を取り除くために極めて有益なのは、昼食した後や夕食をした後、あるいは食欲を感じない別の時間に、[2]来る昼食や夕食のため、そしてさらには毎日、食べるのにふさわしい量を自分で決めることである。[3]それについてはいかなる食欲や誘惑によってもそれを越えないようにし、むしろすべての無秩序な食欲と敵の誘惑に打ち克つために、もしより多く食べるように誘惑されたなら、より少なく食べるのである。

v) “señor de sí”「自らの主である」。ここでは、霊操者が、食欲に振り回されることなく、食事について主体的に管理すること。

第 四 週

218 **第一観想**は、どのようにわたしたちの主キリストは聖母に現れたかである [299]。

[2] **通常の準備の祈り**。

219 **第一前備**は歴史(イストリア)である。ここでは、キリストが十字架上で息を引き取られた後、肉体が霊魂から離れ、神性[i] はキリストと常に一致し、祝福された霊魂は、同じく神性と一致して、黄泉に下る。[2] そこから義である霊魂を連れ出し、墓に来て、よみがえられ、肉体と霊魂をもって聖母マリアに現れた。

220 第二。場所を見て、組み立てる。ここでは、聖なる墓の配置、聖母の場や家を眺め、その諸部分を見る。同様に、その部屋、祈禱室など。

221 第三。望むものを願う。ここでは、わたしたちの主キリストのかくも大きな栄光と喜びを深く喜び、楽しむ恵みを願う。

222 **第一、第二、第三要点**は、わたしたちの主キリストの晩餐で要点としたのと同じ通常のものである。

---

i) “la divinidad”「神性」。ここで「神」ではなく、神的本性のこと。

223　**第四**。受難において隠されているかのようであった神性が、どのように至聖なる復活において、その真の至聖なる効果[ii]をとおして、今いかに奇しくも[iii]現れ、示されているかを考察する。

224　**第五**。わたしたちの主キリストがもたらされる慰める務めを見て、どのように友人同士が慰め合うのかと比較する。

225　祈りの題材に即して、一つかそれ以上の**対話**、そして主の祈りで締めくくる。

226　**第一注意**。以下の観想では、以下［227］にあるやり方で、昇天までをも含む、復活のすべての秘義を行う。[2]その残りは受難の週全体でとられたのと同じ形式と方法［204］を復活の週全体でも行い、保つようにする。その残りは受難の週全体でとられたのと同じ形式と方法［204］を復活の週全体でも行い、保つようにする。[3]それゆえ、この復活の第一観想をとおして、前備についてはその題材に即して進められ、[4]また五つの要点でも同じもので、また以下の付則も同じものにする。[5]こうして、残っているすべてのもの、反復、五感、秘義を短くするか、長くするかなどにおいて、受難の週の方法に従って進めることができる［204, 205］。

227　**第二注意**。一般的に、この第四週でこれまでの他の三週で

---

ii）“los verdaderos y santísimos effectos”「真の至聖なる効果」は、キリストの復活に際して働かれた神の力。

iii）“miraculosamente”「奇しくも」。

行ったように、五つの霊操ではなく、四つの霊操を行うことが適当である。[2] 第一は朝の起床後、第二は第一の反復の代わりにミサの時か昼食前、第三は第二の反復の代わりに晩課の時、[3] 第四は夕食前で、同じ日の三つの霊操に五感をあて、より主要で、より大きな霊的な動きと味わいのある部分に注意しとどまる。

228 **第三注意**。すべての観想において、三つか五つかなどのいくつかの要点が与えられたが、観想する人が、より良いと思われるところにしたがって、要点を増やしたり減らしたりすることができる。[2] そのためとても有益なのは、観想に入る前に、いくつの要点をとるべきかを推測し、決定することである。

229 **第四注意**。この第四週においては、すべての十の付則で、第二、第六、第七、第十を変更すべきである。

[2] 第二。目覚めると直ちに、行うべき観想を眼前にすえ、わたしたちの主キリストの喜びと嬉しさのように、動かされ、喜ぶことを望む [221]。

[3] 第六。栄光についてのような、霊的な楽しみ、嬉しさ、喜びへと動かすことを思い起こし、考える。

[4] 第七。夏には涼しさ、冬には太陽や暖かさなどの、明るさや快適な気候[iv] を用いる。それは、創造主かつ贖い主のうち

iv) “temporales cómodos”「快適な気候」。

に喜ぶために助けとなりうると、霊魂が考えたり、推測したりするところによる。

[5] 第十。苦行の代わりに、節度とあらゆる中庸に注意を向ける。ただし、教会の命じる断食と節制の掟は除く。それは、こうしたものは、正当な障害がない限り、常に全うされなければならないからである。

230 **愛に到るための観想**

[2] **注意**。まず適当なのは、二つのことに注意することである。

第一は、愛は言葉よりも行いで示されるべきである。

231 第二。愛は二つの側の伝達[v)] にある。すなわち、持っているもの、あるいは持っているものかできるものから、愛する者が愛される者に与え、伝えることである。またそのように、逆に、愛される者が愛する者に。[2] したがって、もし一方が知識を持っているならば、それを持っていない者に与え、もし名誉、富ならば、そのように一方が他方に。

[3] **通常の祈り**。

232 **第一前備**は組み立てである。ここで見るのは、自らがわたしたちの主である神、天使たち、わたしのために執り成す聖人たちの前でどのようであるかである。

v）“comunicación”「伝達」。別訳：「交流」。

233 **第二**。望むものを願う。ここでは、受けたこれほどの善について内的な知識を願う。それは、わたしが、全面的な感謝のうちに、すべてにおいて神を愛し、仕えることができるためである。

234 **第一要点**は、創造、贖い、個々の賜物について受けた恩顧を思い起こす。[2] その際に、わたしたちの主である神が、どれほどわたしのためになさってくださったか、どれほど持っておられるものをわたしに与えられたか、したがって、主ご自身が、ご計画によって、できる限りご自分をわたしに与えようと望まれているかを、深い感動をもって熟考する。[3] また、それと共にわたし自身を振り返り、わたしの側から神に捧げ与えなければならないもの、すなわちわたしのすべてのものとともにわたし自身について理性[vi)]と道理をもって考察する。それは深い感動をもって奉献する者のようである。

[4]「お取りください、主よ、お受けとりください。すべてのわたしの自由、わたしの記憶、わたしの理解、すべてのわたしの意志、わたしの持っていて、所有するすべてのものを。[5] あなたはわたしにそれをお与えになりました。主よ、あなたに、それをお返しします。すべてのものはあなたのものです。あなたのみ旨のままになさってください。わたしにあなたの愛と恵みをお与えください。わたしにはそれで十分です。」

235 **第二**。いかに神が被造物のうちに住んでおられるかを見る。

---

vi) “razón”「理性」。別訳：「理由」。

すなわち、諸元素には存在を与えながら、植物には成長させながら、動物には感じさせながら、人間には理解させながら。[2] また、そのようにわたしには存在を与え、生かし、感じさせ、理解させる。同様に、神の似姿と像に造られたわたしを神殿とされる。[3] さらに、第一要点に述べられた方法か、より良いと思われる方法で、自分自身を振り返る。同様に以下の各要点についても行う。

236 **第三**。いかに神が地上のすべての造られたもののうちに、わたしのために働いておられるのか、すなわち働かれる方としてのあり方[vii)]を考察する。[2] 天、諸元素、植物、果実、家畜などに、存在を与えながら、保ち、生かし、感じさせるのである。それから、自分自身について振り返る。

237 **第四**。いかにすべての善と賜物が上から降るのかを見る。上からの至高で無限からのものであるわたしの限られた能力のように、また正義、善、情け、憐れみなどのように。それはちょうど太陽から降る光線、泉から降る水などのようなものである。[2] その後、既に述べたように、わたし自身を振り返って終える。一つの対話と主の祈りで締めくくる。

vii) “id est, habet se ad modum laborantis”「すなわち働く者として行う」は、働かれる方としての神のあり方を考察すること。

祈りの三つの方法

238 **祈りの三つの方法、**
第一は十戒について

[2]**祈りの第一の方法**は、十戒についてと七つの大罪[i)]、霊魂の三つの能力、肉体の五つの感覚についてである。[3]この祈り方は、祈りの形式や方法を与えるものだが、いかに霊魂がそれで準備し、益を得るかの形式、方法、霊操を与えることで、祈りが受け入れられるようにするためであり、何らかの祈りの形式や方法をあたえるためではない。

239 第一に、第二週の第三付則に相当するものが行われる。すなわち、祈りに入る前に、より良いと思われるように、座ったり、歩いたりして、霊[ii)]を少し休ませ、どこへ赴き、また何のために行うのかを考察する。[2]そして、この同じ付則をすべての祈りの方法の初めにする。

240 **準備の祈り**。十戒について何について足りないかを知ることのできる恵みをわたしたちの主である神に願う。[2]また、同時に、これから自らを正してゆく恵みと助けを願う。その際、

i) "los siete pecados mortales"「七つの大罪」。カトリック教会では、「高慢、物欲、ねたみ、憤怒、貪食、色欲、怠惰」が七つの「罪源」とされている。『カトリック教会のカテキズム』(*Catechismus Catholicae Ecclesiae*) 1866 番参照。

ii) "espíritu"「霊」。別訳 :「精神」。

十戒をより良く守るため、また神のより大いなる栄光と賛美のために完全な知識を願い求める。

241 祈りの第一の方法のためにふさわしいのは、第一戒では、どのようにそれを守ったか、何について過ちを犯したかを考察することである。[2]その際に基準とするのは、三回主の祈り、三回アヴェ・マリアの祈りを唱えるほどの間である。[3]また、もしこの間に、わたしの過ちを見つけたら、その赦しを願って謝り、主の祈りを唱える。[4]そして、この同じやり方によって、十戒のすべての一つひとつで行う。

242 **第一注意**。注意すべきことは、もし罪を犯す何らの習慣もないと思われる掟について考察することになったならば、それほど時間をかける必要はない。[2]しかし、自らのうちに多少その掟に背いたところが見いだされるならば、それにしたがって、いくらかその考察や吟味にとどまらねばならない。[3]そして、同じことが大罪でも守らねばならない。

243 **第二注意**。十戒のすべてについて既に述べた熟考を終えてから、それについて罪をとがめ、今後改善するための恵みと助けを願う。[2]題材に即して、わたしたちの主である神への対話をもって締めくくる。

244

第二。大罪について

[2]七つの大罪に関して、付則の後に、既に述べたやり方で[240]、準備の祈りをする。[3]変更するのは、前は守るべき掟についてであったが、ここでの題材は避けるべき罪について

だけである。[4] また、同様に、既に述べた順序と規則と対話を守る。

245　大罪で犯した過ちをより良く知るために、その反対となるものを見る。また、それによって、それらの過ちを避けるために、聖なる行でその反対の七つの徳を獲得し、保つことができるように、決意し、努力する。

246

第三。霊魂の諸能力について

[2] **方法**。霊魂の三能力でも十戒のときと同じ順序と規則を守り、付則［239-243］、準備の祈り、対話をする。

247

第四。身体の五感について

[2] **方法**。身体の五感については、常に同じやり方を保ち、その題材を変える。

248　**注意**。五感の使用でわたしたちの主キリストに倣いたい者は、準備の祈りで自らを神に委ね、それぞれ一つひとつの感覚で考察してから、アヴェ・マリアの祈りと主の祈りを唱える。[2] また、五感の使用で聖母に倣いたい者は、主である御子から恵みを得るために、準備の祈りで自らを聖母に委ねる。そして、それぞれの感覚で考察してから、アヴェ・マリアの祈りを唱える。

249　祈りの第二の方法は、祈りの一つひとつの言葉の意味を観想することである

250　第一の祈りの方法と**同じ付則**［239］をこの第二の祈りの方法でも行う。

251　**準備の祈り**は、祈りの向けられるかたにふさわしいものとする。

252　**祈りの第二の方法**は、その人のおかれていて、より信心のともなう態勢にしたがって、ひざまずくか座るかし、目は閉じるかある場所を凝視するかし、また目をあちこちに動かすことなく、「父よ」[iii] と唱える。[2] そして、この言葉についての考察で意味、比較、味わい、慰めを見いだす限りの時間で、この言葉の考察にとどまる。[3] 同様に、主の祈りの一つひとつの言葉、あるいはこの方法で祈りたい他のいかなる祈りも。

253　**第一の規則**は、既に述べたやり方で主の祈り全体に一時間とどまる。それを終えて、アヴェ・マリアの祈り、使徒信条、アニマ・クリスティ、サルヴェ・レジナを、慣れたやり方にしたがって声を出すか心の中で唱える。

254　**第二の規則**は、もし主の祈りを観想している人が、一つか二つかの言葉のうちに考えるのにいい題材、味わい、慰めを見いだすならば、[2] 見いだすもので一時間が終了しても、前に

iii) “Pater”「父よ」は、ここでは主の祈り全体ではなく、主の祈りの最初の言葉「父よ」のこと。

進まない。それを終えて、慣れたやり方で、主の祈りの残りを唱える。

255　**第三**は、もし主の祈りの一つか二つの言葉にまる一時間とどまり、別の日にその祈りに戻りたいならば、慣れているように、上述の一つか二つの言葉を唱える。[2] そして、それにすぐ続く言葉で、第二の規則で述べられたところにしたがって、観想し始める。

256　**第一注意**。注意すべきことは、一日か数日で主の祈りを終えてから、アヴェ・マリアの祈り、またその他の祈りでも同じことがなされるべきということである。この形式で、暫くは常にそのどれかで霊操する。

257　**第二注意**は、その祈りを終えてから、わずかな言葉で、祈りをささげた方に向かい、最も必要と感じられる徳や恵みを願う。

258　祈りの第三の方法はリズムによる

[2] **付則**は、祈りの第一と第二の方法と同じものである［239, 250］。

[3] **準備の祈り**は、祈りの第二の方法のように行う［251］。

[4] **祈りの第三の方法**は、呼吸や息をするごとに、心の中で祈る。その際に、主の祈りか、あるいは他の祈りの一つの言葉を唱える。つまり、一つの呼吸と他の呼吸の間に一つの言葉だけを唱える。[5] 一つの呼吸から他の呼吸への合間に主として見るのは、その言葉の意味、祈りをささげている方、自らの卑しさ、その方のそれほどの高さと自らのそれほどの卑しさの違いである。[6] 主の祈りのその他の言葉でも、同じ形式と規則で進む。また、他の祈り、つまりアヴェ・マリアの祈り、アニマ・クリスティ、使徒信条、サルヴェ・レジナも、通常どおりにする。

259　**第一の規則**は、他の日、あるいは祈りたい他の時間に、リズムをもってアヴェ・マリアの祈り、その他の祈りを、通常どおりに唱える。そのようにしてさらに他の祈りで続ける。

260　**第二**は、リズムによる祈りにさらにとどまりたい人は、既に述べた祈りのすべてかその部分を唱えることができる。その際には、説明されているように［258］、呼吸のリズムで行う。

キリストの生涯の秘義

261　わたしたちの主キリストの生涯の秘義

[2] **注意**。注意すべきことは、以下のすべての秘義において、括弧で括られているすべての言葉は、福音そのものからであるが、括弧の外にあるものはそうではないことである。[3] また、それぞれの秘義では、より容易に黙想し観想するために、大部分に三つの要点がある。

262　聖母へのお告げについて、聖ルカは第 1 章 26-38 節に記している。

[2] **第一要点**は、天使聖ガブリエルが、聖母に挨拶しながら、わたしたちの主キリストの懐胎を告げた。[3]「天使は、マリアのいるところに入り、彼女に挨拶し、言う。『神はあなたに挨拶します。あなたは恵みに満ちておられます。あなたは、胎に身ごもり、男の子を産むでしょう。』」

[4] **第二**。天使は、聖母に言ったことを確かめ、洗礼者聖ヨハネの懐胎を告げ、彼女に言う。「また、見よ、あなたの親戚のエリサベトもあの高齢で男の子を身ごもりました。」

[5] **第三**。聖母は天使に答えた。「ここに主のはしためはいます。み言葉のままにわたしに成就しますように。」

263 聖母のエリサベト訪問について、聖ルカは第 1 章 39–56 節で述べている。

[2] **第一**。聖母がエリサベトを訪れたとき、洗礼者聖ヨハネは、母の胎内にいて、聖母のなさった訪問を感じた。[3]「そして、エリサベトが聖母の挨拶を聞くと、胎内の子は喜んだ。[4] そして、聖霊に満たされて、エリサベトは大きな声で叫んで、言った。『あなたは女性たちのうちで祝福されますように。また、あなたの胎内の子も祝福されますように。』」

[5] **第二**。聖母は賛歌を歌い、言う。「わたしの魂は主を讃えます。」

[6] **第三**。「マリアはエリサベトと共に三か月ほどいて、その後に家に帰った。」

264 わたしたちの主キリストの誕生について、聖ルカは第 2 章 1–14 節で述べている。

[2] **第一**。聖母とその夫ヨセフは、ナザレからベツレヘムに行く。「ヨセフは、カエサルに服従をしめすために、その妻で既に妊婦のマリアと共に、ガリラヤからベツレヘムに上った。」

[3] **第二**。「初子を産み、布で包み、飼い葉桶に置いた。」

[4] **第三**。「天の大軍が到来し、言った。『天には神に栄光あれ。』」

265 羊飼いたちについて、聖ルカは第 2 章 15–20 節に記している。

[2] **第一**。わたしたちの主キリストの誕生は、天使によって羊飼いたちに告げられる。「あなたたちに大いなる喜びを告げる。それは今日世の救い主が生まれたからである。」

[3] **第二**。羊飼いたちはベツレヘムに行く。「彼らは急いで来て、マリアとヨセフと飼い葉桶に置かれた幼子を見つけた。」

[4] **第三**。「羊飼いたちは、主の栄光を称え、主を賛美しながら、帰った。」

266 割礼について、聖ルカは第 2 章 21 節に記している。

[2] **第一**。幼子イエスに割礼をした。

[3] **第二**。「その名はイエスとよばれる。彼は、胎内に宿る前に、天使からそう名づけられた。」

[4] **第三**。彼らは幼子を聖母に返す。聖母は御子から流れる血で共に苦しんだ。

267 三人の王たち[i]について、聖マタイは第 2 章 1–12 節に記している。

---

i) “los tres reyes magos”「三人の王たち」。マタ 2·1：「東方の博士たち」（μάγοι ἀπὸ ἀνατολῶν）参照。

[2] **第一**。三人の王たちは、星に導かれ、イエスを拝みに来て、言った。「東方で星を見て、彼を拝むために来ました。」

[3] **第二**。幼子を拝み、贈り物を献げた。「地にひれ伏して、彼を拝み、贈り物として黄金、乳香、没薬を献げた。」

[4] **第三**。「眠っている間に、ヘロデのところに戻らないようにという答えを受けた。そして、他の道を通って、自分たちの地方に戻った。」

268 聖母の浄めと幼子イエスの奉献について、聖ルカは第 2 章 21-40 節に記している。

[2] **第一**。彼らは、初子として主に奉献されるために、神殿に幼子イエスを連れ、彼のために「雉鳩一番（つがい）や鳩のひな二羽」を献げる。

[3] **第二**。シメオンは、神殿に来て、「彼を腕に抱いて」こう言う。「今こそ、主よ、あなたの僕を安らかに去らせてください。」

[4] **第三**。アンナは、「それから来て、主を賛美し、イスラエルの贖いを待ち望む皆に彼について話していた。」

269 エジプトへの避難について、聖マタイは第 2 章 13-18 節に記している。

[2] **第一**。ヘロデは、幼子イエスを殺そうとし、そして無辜の

者たちを殺した。彼らの殺害の前に、天使はヨセフにエジプトへ逃れるように忠告した。「起きて、幼子とその母を連れ、エジプトへ逃げなさい。」

[3] **第二**。エジプトに向けて出発した。「彼は、夜に起きて、エジプトへ出発した。」

[4] **第三**。彼はヘロデの死までそこにいた。

270 わたしたちの主キリストがどのようにエジプトから帰ったかについて、聖マタイは第 2 章 19–23 節に記している。

[2] **第一**。天使は、イスラエルに帰るように、ヨセフに忠告する。「起きて、幼子とその母を連れて、イスラエルの地に行きなさい。」

[3] **第二**。起きて、イスラエルの地に来た。

[4] **第三**。ヘロデの息子アルケラオスがユダヤで治めていたので、ナザレに退いた。

271 十二歳から三十歳までのわたしたちの主キリストの生活について、聖ルカは第 2 章 50–52 節に記している。

[2] **第一**。彼は両親に従順だった。「知恵、年齢、恵みにおいて成長した。」

[3] **第二**。大工の腕を振るっていたと思われる。聖マルコは第

6 章〔3 節〕でそのことを示している。「これはひょっとするとあの大工ではないのか？」

272 キリストが、十二歳だったときに、神殿に来られたことについて、聖ルカは第 2 章 41–50 節で記している。

[2] **第一**。わたしたちの主キリストは、十二歳の年齢で、ナザレからエルサレムに上られた。

[3] **第二**。わたしたちの主キリストは、エルサレムにとどまったが、両親はそれを知らなかった。

[4] **第三**。三日経ってから、彼が神殿で議論し、学者たちの真ん中に座っているのを、彼らは見つけた。そして、両親がどこにいたのかと尋ねると、彼は答えた。「わたしの父のことにいる[ii]のがふさわしいのを知らないのですか？」

273 キリストがどのように洗礼を受けられたかについて、聖マタイは第 3 章 13–17 節に記している。

[2] **第一**。わたしたちの主キリストは、聖母と別れてから、ナザレからヨルダン川に来た。そこには洗礼者聖ヨハネがいた。

[3] **第二**。聖ヨハネは、わたしたちの主キリストに洗礼を授け

---

ii）"en las cosas que son de mi Padre ... estar"「わたしの父のことにいる」は、神殿にあって父なる神のみ旨をはたすという意味。ルカ 2·49：「私は自分の父の家にいるはずだ」（ἐν τοῖς τοῦ πατρός μου δεῖ εἶναί με）参照。

たが、自らは彼に洗礼を授けるのにはふさわしくないと考え、辞退しようとしたが、キリストは彼に言う。「今はこれを行いなさい。こうしてわたしたちがすべての義を全うしなければならないからである。」

[4] **第三**。聖霊が来て、御父の声が天から証しした。「これはわたしの愛する子である。彼にとても満足している。」

274 キリストがどのように誘惑されたかについて、聖ルカは第 4 章 1-13 節、また聖マタイは第 4 章 1-11 節に記している。

[2] **第一**。洗礼を受けられてから、荒野に行かれ、そこで四十日四十夜断食された。

[3] **第二**。敵から三度誘惑を受けられた。「誘惑する者が近づき、彼に言う。『もし神の子ならば、これらの石がパンになるように言いなさい。ここから下に身を投げなさい。もし地にひれ伏してわたしを拝むならば、あなたの見ているこのすべてのものを与えよう。』」

[4] **第三**。「天使たちが来て、彼に仕えた。」

275 使徒たちの召命について

[2] **第一**。三度にわたり、聖ペトロと聖アンデレは呼ばれたようである。一度目はいくらかの知識のために[iii)]。これは、聖

iii) “a cierta noticia”「いくらかの知識のために」は、「何かを知るために」という意味。

ヨハネにより、第1章に記されている。[3]二度目は、何らかのやり方でキリストに従うためだが、残したものを取りに戻るつもりであった。これは聖ルカが第5章で述べているとおりである。[4]三度目は、わたしたちの主キリストに常に従うために。聖マタイは第4章で、聖マルコは第1章で。

[5]**第二**。聖ヨハネの第1章にあるように、フィリポを呼ばれた。また、マタイ自身が第9章で述べているように、マタイを呼ばれた。

[6]**第三**。他の使徒たちを呼ばれた。彼らの特別の召命については、福音は言及していない。

[7]また、他の三つのことも考慮されねばならない。第一は、使徒たちの無学と低い身分、[8]第二は、彼らをかくも穏やかに呼ばれたイエスの尊厳、[9]第三は、彼らの賜物と恩恵。それによって、彼らは新約と旧約のすべての父祖たちよりも高く上げられたのである。

276 ガリラヤのカナの婚礼でなされた最初の奇跡について、聖ヨハネは第2章1-12節に記している。

[2]**第一**。わたしたちの主キリストは、弟子たちと共に婚礼に招かれた。

[3]**第二**。聖母は、御子にぶどう酒が足りないと告げて、言う。「ぶどう酒がありません。」そして、召使いたちに命じた。「彼があなたたちに言うことは何でもやりなさい。」

[4] **第三。**「水をぶどう酒に変え、栄光を現し、彼を弟子たちは信じた。」

277 どのようにキリストがものを売っていた人びとを神殿の外に追い出したかについて、聖ヨハネは第2章13–25節に記している。

[2] **第一。**彼は、ものを売っていたすべての人びとを縄でできた鞭で神殿の外に追い出した。

[3] **第二。**机や神殿にいた金持ちの金貸しの台と金をひっくりかえした。

[4] **第三。**鳩を売っていた貧しい人びとには穏やかに言った。「これらのものをここから取り除けなさい。わたしの家を商売の家にしようとしてはならない。」

278 キリストが山で行った説教について、聖マタイは第5章1–48節に記している。

[2] **第一。**愛された弟子たちを離し、八つの幸いについて話す。「幸いなのは、霊の貧しい人びと、柔和な人びと、慈悲深い人びと、泣いている人びと、義で飢えと渇きに苦しむ人びと、心のきれいな人びと、平和な人びと、迫害を受けている人びとである。」

[3] **第二。**自らにあたえられた才能を良く用いるように勧める。「こうして、あなたたちの光を人びとの前で輝かしなさ

い。それによって、あなたたちの善いわざを見て、天におられるあなたたちの父を賛美するためである。」

[4] **第三**。自らを法に背く者としてではなく、全うする者として示し、殺さない、姦淫しない、偽証しない、敵を愛すという掟を宣言される。「わたしはあなたたちに言う。あなたたちの敵を愛し、あなたたちを憎む者たちに善を行いなさい。」

279 どのようにわたしたちの主キリストが湖の嵐を静めたかについて、聖マタイは第 8 章 23–27 節に記している。

[2] **第一**。わたしたちの主キリストが湖で眠っていると、大きな嵐になった。

[3] **第二**。おびえた弟子たちは彼を起こした。彼らのもつ小さな信仰をとがめて、言った。「何を恐れているのか、信仰の小さい者たちよ。」

[4] **第三**。風と湖にやむように命じた。こうしてやみ、湖は静かになった。それに人びとは驚嘆して、言った。「この人は誰なのか、彼には風も湖も従う。」

280 どのようにキリストが湖の上を歩いたかについて、聖マタイは第 14 章 24–33 節に記している。

[2] **第一**。わたしたちの主キリストは山にいて、弟子たちを小舟に行かせ、群衆を送り出して、独りで祈り始めた。

[3] **第二**。小舟は波に襲われるが、そこへイエスは水の上を歩いてくる。そして、弟子たちは幽霊だと思った。

[4] **第三**。キリストは彼らに言う。「わたしだ。恐れてはならない。」聖ペトロは、彼に命じられ、彼のところに水の上を歩いてくるが、疑って、沈み始める。しかし、わたしたちの主キリストは彼を救い、その小さな信仰をとがめた。その後、小舟に入り、風はやんだ。

281 どのように使徒たちが説教することへと遣わされたかについて、聖マタイは第 10 章 1-15 節に記している。

[2] **第一**。キリストは愛された弟子たちを呼び、人間の体から悪霊を追い出し、すべての病を癒す力を与えられる。

[3] **第二**。彼らに賢明さと忍耐について教える。「見よ、狼のただ中の羊のようにあなたたちを遣わす。だから、蛇のように賢明で、鳩のように単純でありなさい。」

[4] **第三**。彼らにやり方をあたえる。「金も銀も所有しようとしてはならない。無償で受けたものは、無償で与えなさい。」また、説教の題材もあたえられた。「行って、説教し、こう述べなさい。『天の国は既に近づいた。』」

282 マグダラの女性[iv]の回心について、聖ルカは第 7 章 36-50 節に記している。

---

iv）“la Magdalena”「マグダラの女性」。霊操 286, 300 番参照。

[2] **第一**。マグダラの女性は、ファリサイ派の人の家でわたしたちの主キリストが食卓についているところに入る。彼女は、香油で満ちた石膏の壺[v)]をもってきた。

[3] **第二**。主の後ろの足もとにいて、涙で主の足をぬらし、髪の毛でそれをぬぐい、足に口づけをし、香油を塗った。

[4] **第三**。ファリサイ派の人がマグダラの女性を責めると、キリストは彼女を弁護して話し、言う。「彼女は多くの罪が赦された。それは多く愛したからである。」そして、女性に言った。「あなたの信仰があなたを救った。平和のうちに行きなさい。」

283 どのようにわたしたちの主キリストが五千人の人びとを食べさせたかについて、聖マタイは第14章13–23節に記している。

[2] **第一**。弟子たちは、既に遅くなっていたので、キリストに彼と共にいた大勢の群衆に別れを告げるように願う。

[3] **第二**。わたしたちの主キリストは、パンを彼に持ってくるように命じ、食卓につくように命じた。そして、パンを祝福し、裂いて、弟子たちに与えた。弟子たちは群衆に与えた。

[4] **第三**。「彼らは食べ、満腹になり、十二のかごが残った。」

v）“un vaso de alabastro”「石膏の壺」。“alabastro”「雪花石膏（アラバスター）」は、白色の鉱物の一種で、香油の容器に用いられた。

284 キリストの変容について、聖マタイは第 17 章 1–13 節に記している。

[2] **第一**。わたしたちの主キリストは、愛された弟子のペトロ、ヤコブ、ヨハネをともない、変容する。その顔は太陽のように輝き、その衣は雪のようであった。

[3] **第二**。キリストはモーセとエリヤと話していた。

[4] **第三**。聖ペトロが三つの幕屋をつくろうと言うと、天からの声が響き、言った。「これはわたしの愛する子である。彼に聞きなさい。」[5] 弟子たちはその声を聞くと、恐れからうつぶせに倒れ、わが主キリストは彼らに触れ、言った。「起きなさい。恐れてはならない。人の子がよみがえるまで、この見たこと[vi)]を誰にも言ってはならない。」

285 ラザロの復活について、ヨハネ第 11 章 1–44 節。

[2] **第一**。マルタとマリアは、わたしたちの主キリストにラザロの病を知らせる。それを知らされ、キリストは、二日間とどまった。それは奇跡がより明らかになるためであった。

[3] **第二**。ラザロをよみがえらせる前に、一人ずつに信じるように求めて、言う。「わたしは復活であり、命である。わたしを信じる者は、たとえ死んでも、生きる。」

---

vi) “visión”「見たこと」。マタ 17·9 参照。

[4] **第三**。キリストは、泣いて、祈ってから、彼をよみがえらせる。彼をよみがえらせるやり方は、こう命じることだった。「ラザロ、出てきなさい。」

286　ベタニアでの晩餐について、マタイ第26章1-13節。

[2] **第一**。主は、ハンセン病の[vii] シモンの家で、ラザロと共に夕食をとる。

[3] **第二**。マリアは、キリストの頭に香油を注ぐ。

[4] **第三**。ユダは、つぶやいて、言う。「何のためにこのように香油を無駄にするのか？」だが、彼はもう一度マグダラ[viii]を赦し、言う。「なぜあなたたちはこの女性に腹を立てるのか？　彼女はわたしに良いわざをしたのである。」

287　枝の日曜日、マタイ第21章1-11節。

[2] **第一**。主は、雌ロバと子ロバを取りに行かせて、言った。「それらを解き放って、わたしのところに連れてきなさい。そして、もし誰かが何かを言ったならば、主がそれらを必要としていると言いなさい。すると、すぐにそれらを渡してくれるだろう。」

---

vii）“leproso”「ハンセン病の」（形容詞）。ただし、λεπϱός（マタ26·6）は、必ずしもハンセン病ではないとされている。レビ13-14：צָרַעַת / λέπϱα（LXX）参照。
viii）“Madalena”「マグダラ」。霊操282, 300番参照。

[3] **第二**。雌ロバに乗った。雌ロバは使徒たちの衣服で覆われている。

[4] **第三**。人びとは、道に彼らの衣服と木々の枝を敷いて、彼を迎えるために出てくる。そして、言う。「ダビデの子、わたしたちを救ってください。主の名において来る方は幸い。いと高きところでわたしたちを救ってください。」

288 神殿での説教について、ルカ第 19 章。

[2] **第一**。毎日神殿で教えていた。

[3] **第二**。説教を終え、エルサレムで誰も彼を受け入れなかったので、ベタニアに戻った。

289 晩餐について、マタイ第 26 章、ヨハネ第 13 章 1–17 節。

[2] **第一**。過越の小羊を十二人の使徒たちと食べ、彼らに自らの死を予告した。「あなたたちによく言っておく。あなたたちの一人がわたしを裏切る。」

[3] **第二**。弟子たちの足を洗った。ユダの足までも。聖ペトロから始めた。彼は主の威光と自らの卑しさを考え、同意しようとせず、言った。
[4]「主よ、あなたはわたしの足を洗うのですか？」だが、聖ペトロは、主がこれによって謙遜の模範を示したことはわからなかった。そこで、主は言った。「わたしはあなたたちに模範を示した。それは、わたしが行うように、あなたたちも

行うためである。」

[5] **第三**。エウカリスチアの至聖なる犠牲を、その愛の最高のしるしとして制定し、言った。「取って、食べなさい。」晩餐を終え、ユダはわが主キリストを裏切るために出てゆく。

290 晩餐から園を含むまでになされた諸秘義について、マタイ第26章、マルコ第14章。

[2] **第一**。主は、晩餐を終え、賛歌を歌いながら、非常に恐れている弟子たちと共にオリーブ山に行った。ゲツセマネに八人を残し、言った。「わたしがあちらで祈るまで、ここに座っていなさい。」

[3] **第二**。聖ペトロ、聖ヤコブ、聖ヨハネをともない、主に三度祈って、言った。「父よ、もしできるならば、この杯をわたしから遠ざけてください。しかし、わたしの意志ではなく、あなたのみ旨がなされますように。」そして、苦悶のうちにあって、より懸命に祈っていた。

[4] **第三**。大いに恐れて言った。「わたしの魂は死ぬほどに悲しい。」大量の血の汗を流した。聖ルカはこう述べている。「その汗は、地に流れる血の滴のようであった。」その衣が血まみれだったと推定される。

291 園からアンナスの家を含むまでなされた諸秘義について、マタイ第26章、ルカ第22章、マルコ第15章。

[2] **第一。**主は、ユダに接吻するままにさせ、盗賊のように捕らえさせる。彼らに言う。「棒と武器をもって盗賊のようにわたしを捕らえにきた。毎日あなたたちと共に神殿にいて、教えていたとき、わたしを捕らえなかった。」[3] そして、「誰を捜しているのか？」と言うと、敵たちは地に倒れた。

[4] **第二。**聖ペトロが、大祭司の僕を傷つけると、柔和な主は言う。「剣をその場所に戻しなさい。」そして、僕の傷を治した。

[5] **第三。**弟子たちに見捨てられ、アンナスのところに連れてゆかれる。そこで、聖ペトロは、遠くから彼に従っていたが、彼を一度否んだ。キリストは平手打ちされ、彼らは言う。「大祭司にそんなふうに答えるのか？」

292 アンナスの家からカイアファの家を含むまでに[ix)] なされた諸秘義について

[2] **第一。**アンナスの家からカイアファの家までキリストを縛って連れてゆく。そこで、聖ペトロは彼を二度否み、主に見つめられて、外に出てひどく泣く。

[3] **第二。**イエスは、夜通し縛られたままだった。

[4] **第三。**さらに、彼を捕らえていた者たちは、彼を嘲り、傷

---

ix）“hasta ... inclusive”「～を含むまでに」は、「～までに」の意味。祈りの題材の範囲について正確を期すために、あえて inclusive が付加されていると思われる。

つけ、顔を覆って、平手打ちし、彼に問う。「おまえを殴ったのは誰なのか予言しろ。」そして、彼に同様の冒瀆をした。

293 カイアファの家からピラトの家を含むまでになされた諸秘義について、マタイ第 27 章、ルカ第 23 章、マルコ第 15 章。

[2] **第一**。ユダヤ人の群衆全体は、彼をピラトのところに連れてゆき、その前で彼を訴えて、言う。「この者がわたしたちの民を堕落させ、皇帝に税を払うのを禁じたのを見つけた。」

[3] **第二**。ピラトは、彼を一度取り調べた。もう一度調べて、ピラトは言う。「わたしはいかなる罪も見いださない。」

[4] **第三**。彼ではなく、盗賊のバラバが望まれる。「すべての者が叫んで、言った。『この者ではなく、バラバを釈放しろ。』」

294 ピラトの家からヘロデの家までになされた諸秘義について。

[2] **第一**。ピラトは、ガリラヤ人のイエスを、ガリラヤの領主ヘロデに送った。

[3] **第二**。ヘロデは、好奇心から、彼に長々と尋ねた。律法学者と祭司たちは絶え間なく非難したにもかかわらず、イエスは何も答えなかった。

[4] **第三**。ヘロデは、イエスに白い衣を着せ、その軍隊と共に彼を馬鹿にした。

295 ヘロデの家からピラトの家までになされた諸秘義について、マタイ第26章、ルカ第23章、マルコ第15章、ヨハネ第19章。

2 **第一**。ヘロデはイエスをピラトに送り返す。これによって、彼らは、以前は敵だったが、友人となる。

3 **第二**。ピラトはイエスを受け取り、鞭打った。兵士たちは、茨の冠をつくり、彼の頭にかぶせ、紫色をまとわせ、彼のところに来て、言った。「ユダヤ人の王、こんにちは[x)]。」そして、平手打ちした。

4 **第三**。外に皆の前に彼を連れ出した。「そしてイエスは、外にでて、茨の冠をつけ、緋色の服をまとっている。ピラトは彼らに言った。『さあ、この人だ。』大祭司たちは、彼を見て、叫んで、言う。『十字架につけろ、彼を十字架につけろ。』」

296 ピラトの家から十字架を含むまでになされた諸秘義について、ヨハネ第19章13–22節。

2 **第一**。ピラトは裁判官として座っており、ユダヤ人たちは、イエスが王であることを否定して、言った。「われわれには皇帝のほかに王はない。」その後、ピラトは、十字架につけるために、イエスをユダヤ人に引き渡した。

---

x) "Dios te salve"「こんにちは」。字句どおりには、「神があなたに挨拶する」。ラテン語の"salve"に由来する挨拶の言葉で、文脈によって様々に訳される。ここではイエスに対する嘲笑を込めた挨拶となっている。

[3] **第二**。十字架を背負ってゆくが、担ってゆくことができず、キレネ人のシモンは、イエスの後ろから十字架を運ぶように強いられた。

[4] **第三**。二人の盗賊の間にイエスを十字架につけ、この罪状書きをつける。「ナザレのイエス、ユダヤ人の王。」

297　十字架でなされた諸秘義について、ヨハネ第 19 章 23−27 節。

[2] **第一**。[3] 十字架で七つの言葉を語った。彼を十字架につけた者たちのために祈った。盗賊を赦した。聖ヨハネを聖母に、また聖母を聖ヨハネに委ねた。大きな声で言った。「渇く。」彼らは胆汁と酢を与えた。見捨てられたと言った。[4]「終わった。」[xi)] と言った。「父よ、あなたの手にわたしの霊を委ねます。」と言った。

[5] **第二**。太陽は暗くなり、岩は砕け、墓は開き、神殿の垂れ幕は上から下に二つに裂けた。

[6] **第三**。彼を冒瀆して、言った。「おまえは神の神殿を破壊した者だ。十字架から降りろ。」彼の衣を分け、槍で脇腹を傷つけると、水と血が流れ出た。

298　十字架から墓までを含むところまでなされた諸秘義について。同前（19・38−42）。

---

xi）“Acabado es”「終わった」は、「成し遂げられた」の意味。

[2] **第一**。悲しみの聖母の目の前で、ヨセフとニコデモによって、十字架から取り下ろされた。

[3] **第二**。遺体は、墓に運ばれ、塗油され、葬られた。

[4] **第三**。番人たちが置かれた。

299 わが主キリストの復活について。その最初の出現について。

[2] **第一**。聖母マリアに現れた。これは聖書には述べられていないが、他の多くの者たちに現れたとされていることで述べられたとみなされる。[3] というのは、聖書は、わたしたちが理性をもっているとみなしているからである。それはちょうど「あなたたちもわかっていないのか？」と記されているとおりである。

300 第二の出現について。マルコ第 16 章 1–11 節。

[2] **第一**。朝早くマグダラのマリア[xii)]、ヤコブ、サロメは墓に向かいながら、言う。「誰か、わたしたちのために墓の入口の石を取り除けてくれるでしょうか？」

[3] **第二**。取り除けられた石と天使を見る。天使はこう言う。「ナザレのイエスを探しているのか？　彼は、もうよみがえられて、ここにはいない。」

xii）“María Madalena”「マグダラのマリア」。霊操 282, 286 番参照。

[4] **第三**。マリアに現れた。マリアは、他の人びとが去った後も、墓の近くにとどまっていた。

301 第三の出現について。聖マタイの最終章（28・8-10）。

[2] **第一**。このマリアたちは、恐れと大きな喜びをもって墓を去り、弟子たちに主の復活を告げようとする。

[3] **第二**。わたしたちの主キリストは、途上で彼女たちに現れて、言う。「こんにちは[xiii)]。」そして、彼女たちは、近づいて、彼の足もとにきて、礼拝した。

[4] **第三**。イエスは、彼女たちに言う。「恐れてはならない。行って、わたしの兄弟たちにガリラヤに行くように言いなさい。そこでわたしに会えるだろうから。」

302 第四の出現について。ルカの最終章（24・9-12）（ヨハ 20·1-10）。

[2] **第一**。キリストが復活されたと女性たちから聞き、聖ペトロは、急いで墓に行った。

[3] **第二**。墓の中に入り、わたしたちの主キリストのからだを包んでいた布だけは見たが、その他のものは見なかった。

---

xiii）“Dios os salve”「こんにちは」。字句どおりには、「神があなたたちに挨拶する」。χαίρετε（マタ 28·9）も挨拶の言葉。霊操 295·3 番参照。

[4] **第三**。聖ペトロがこれらのことを考えていると、キリストが彼に現れ、このため使徒たちは言った。「真に主は復活し、シモンに現れた。」

303　第五の出現について。ルカの最終章（24・13-35）。

[2] **第一**。キリストについて語りながらエマオへ向かう弟子たちに現れる。

[3] **第二**。キリストが死んで復活すべきだったことを聖書によって示しながら、彼らを叱る。「預言者たちが語ったすべてのことを信じるには、愚かで心の鈍い者よ。キリストは苦しみ、そうしてその栄光に入るはずではなかったか？」

[4] **第三**。彼らの願いによってそこにとどまり、彼らに聖体を授け、姿を消すまで、彼らと共にいた。彼らは、帰って、どのようにして聖体拝領で彼とわかったかを話した。

304　第六の出現について。ヨハネ第20章19-23節。

[2] **第一**。弟子たちは、聖トマスを除き、「ユダヤ人たちを恐れて」集まっていた。

[3] **第二**。戸は閉まっていたが、イエスは彼らに現れた。彼らの真ん中に立って言う。「あなたたちに平和。」

[4] **第三**。彼らに聖霊を与えて、言う。「聖霊を受けなさい。あなたたちが罪を赦す者たちは、赦されるであろう。」

305　第七の出現について（ヨハ 20・24-29）。

[2] **第一**。前の出現にいなかったため、聖トマスは信じず、言う。「もし彼を見なければ、信じない。」

[3] **第二**。それから八日後、戸は閉まっていたが、イエスは彼らに現れ、聖トマスに言う。「ここにあなたの指を入れ、真実を見なさい。信じない者ではなく、信じる者となりなさい。」

[4] **第三**。聖トマスは信じて、言う。「わたしの主、わたしの神よ。」キリストは彼に言う。「見ないで、信じた者たちは幸いである。」

306　第八の出現について。ヨハネの最終章（21・1-17）。

[2] **第一**。イエスは、漁をしていた七人の弟子たちに現れる。彼らは一晩中何も獲れなかったが、命じられて網を投げると、「大量の魚で網を引き上げることができなかった。」

[3] **第二**。この奇跡によって、聖ヨハネは、彼だとわかり、聖ペトロに言った。「主だ。」聖ペトロは、海に飛び込んで、キリストのところに来た。

[4] **第三**。彼らに焼いた魚の一部と蜂の巣を食べさせた。聖ペトロに羊を委ねた。まず愛について三度試して、彼に言う。「わたしの羊を養いなさい。」

307　第九の出現について。マタイの最終章（28・16–20）。

[2] **第一**。弟子たちは、主に命じられ、タボル山に行く。

[3] **第二**。キリストが彼らに現れ、言う。「わたしに天と地のすべての権能が与えられている。」

[4] **第三**。彼らを世界中へ説教に派遣して、言う。「行って、すべての人びとを教え、父と子と聖霊の名によって、彼らに洗礼を授けなさい。」

308　第十の出現について。コリント人への第一の手紙第15章6節。

[2]「その後、合わせて五百人以上の兄弟たちに見られた。」

309　第十一の出現について。コリント人への第一の手紙第15章7節。

[2]「それからヤコブに現れた。」

310　第十二の出現について。

[2] アリマタヤのヨセフに現れた。信心深く黙想され、聖人伝に読めるように[xiv)]。

---

xiv）“píamente se medita y se lee en la vida de los santos”「信心深く黙想され、聖人伝に読むことのできるように」。聖書に記述はないが、聖人伝にあり、信心にもとづ

311　第十三の出現について。コリント人への第一の手紙第 15 章 8 節。

[2] 昇天の後、聖パウロに現れた。「最後には、月足らずのようなわたしにも現れました。」陰府（よみ）[xv] の聖なる父祖たちの霊魂にも現れた。[3] 彼らを連れ出し、再びからだをとった後、何度も弟子たちに現れ、彼らと語られた。

312　わが主キリストの昇天について。使徒言行録第 1 章 1-12 節。

[2] **第一**。四十日の間に使徒たちに現れ、数多くの証拠 [xvi] としるしを行い、神の国について語られ、約束された聖霊をエルサレムで待つように、彼らに命じた。

[3] **第二**。彼らをオリーブ山へ連れてゆき、彼らの眼前で上げられた。そして、雲が彼らの目から彼を見えなくした [xvii]。

[4] **第三**。彼らが空を見ていると、天使たちが彼らに言う。「ガリラヤの男たちよ、天に何を見ているのか？　このイエスは、

いて推定されるという意味。この文言は、イグナチオ自身の手によって自筆稿（アウトグラフォ）で“dice el evangelio de Nicodemo”「ニコデモの福音が述べるように」から修正されている。

xv）“limbo”「陰府（よみ）」。「リンボ（limbus）」は、辺獄や古聖所ともいわれ、地獄とも煉獄とも区別される霊魂の安息の場。ここでは “limbus patrum”「父祖の辺獄」として、旧約聖書の父祖たちの霊魂のとどまる場。キリストは、十字架刑の死後、まず陰府に降り、復活したとされる。『カトリック教会のカテキズム』633 番参照。

xvi）“muchos argumentos”「数多くの証拠」。「数多くの事跡」という意味だが、イエスの復活を証明と関連づける当時の神学的理解にもとづく表現。

xvii）“una nube le hizo desaparecer de los ojos dellos”「雲が彼を彼らの目から見えなくした」は、「雲でイエスが見えなくなった」という意味。

あなたたちの眼前で天に運ばれたが、あなたたちが彼が天に行くのを見たように、彼はそのように来るであろう。」

諸 規 則

313 霊魂の内に引き起こされる種々の動きを何らかの仕方で感じ、知るための諸規則。[2]すなわち、善いものを受け入れ、悪いものを退けるためであり、また第一週によりふさわしい

314 **第一則**。大罪から大罪に向かう人びとに敵がよくやるのは、見せかけの楽しみを提示し、感覚的な喜びや楽しみを想像させることであるが、[2]それは彼らをその悪徳や罪にとどめ、増大させるためである。[3]そのような人びとにおいて、善霊は、反対のやり方を用い、理性の判断力によって彼らの良心を刺すように痛みをあたえ、さいなむのである。

315 **第二則**。熱心に自らの罪を浄め、またわたしたちの主である神への奉仕において善からより善へと上昇している人びとでは、第一則とは反対のやり方である。[2]というのは、その際に悪霊に固有なのは、けなし、悲しませ、諸障害をすえ、偽りの理由で不安にさせることで、それによって前進させないためである。[3]そして、善霊に固有なのは、元気、力、慰め、涙、霊感、静けさをあたえ、すべての障害を軽くし、取り除くことで、それによって善行において前進させるためである。

316 **第三則**、霊の慰めについて。慰めというのは、霊魂のうちに何らかの内的な動きが引き起こされ、その動きで霊魂が創造主への愛で燃え上がり、[2]結果として地上の造られたいかなるものも、それ自体においてではなく、そのすべてのものの創造者において愛することができるようになることである。[3]同様に、主への愛に動かされた涙を流したときであるが、それは自らの罪からであれ、わたしたちの主キリストの受難からであれ、あるいは主への奉仕と賛美へとまっすぐに向けられた他のことについての痛みからである。[4]最後に、慰めというのは、希望、信仰、愛のすべての増大、また、霊魂を創造主において静め、平和にしながら、天上のことと自らの霊魂の救いへと呼びかけ、引き寄せるすべての内的な喜びである。

317 **第四**、霊的な荒みについて。荒みというのは、第三則のすべての反対のもので、[2]霊魂の暗闇、霊魂における混乱、卑しく地上的なものへの動き、種々の動きや誘惑による落ち着きのなさ、[3]不信心へと動かし、希望もなく、愛もなく、そしてあらゆる怠惰、生ぬるさ、悲しみ、創造主から離されたような状態にあることである。[4]というのは、慰めが荒みの反対であるように、同様に、慰めからでる考えは、荒みからでる考えの反対である。

318 **第五**。荒みのときには、決して変更してはならず、そのような荒みに先立つ日にあった決意と決定、あるいは先立つ慰めにあった決定に固く揺るぎなくとどまることである。[2]というのは、ちょうど慰めにおいては善霊がわたしたちを導き、諭すように、荒みにおいては悪霊であり、その勧めでは的を射た道をとることができないからである。

319 **第六**。荒みにおいて最初の決意を変更してはならないが、とても役立つのは、荒みそのものに対して熱心に自らを変えることである。[2]それは、祈りや黙想でより切に願うこと、より頻繁にエクサメンすること、何らかのふさわしい方法で苦行を長くすることなどである。

320 **第七**。荒みのうちにある者は、敵からの種々の攪乱と誘惑に抵抗するために、いかにして主が彼を試みと自然の能力のうちにおかれたのかを考察すること。[2]なぜならば、たとえ明らかに感じられなくても、いつもその人に残されている神の助けによって敵に抵抗することができるからである。[3]というのは、主は、大きな熱意、溢れる愛、強度な恵みを取り去られたが、永遠の救いのために十分な恵みを残されたからである。

321 **第八**。荒みのうちにある者は、やってくる煩わしさに対して忍耐のうちにあるように努めること。[2]そして、すぐに慰められるだろうと考え、第六則に述べたように、そうした荒みに対抗する手段を講じること。

322 **第九**。わたしたちが荒みに陥るのは、三つの主な原因によるものである。第一は、わたしたちの霊操において、熱意がなく、怠慢で、不注意であるためで、こうしてわたしたちの過ちのために、わたしたちから霊的な慰めが遠ざかる。[2]第二は、それほどの慰めや溢れる恵みの報いなしに、わたしたちがどれほどであるか、わたしたちがどれだけ奉仕と賛美にとどまれるのかを試すためである。[3]第三は、高まる信心、熱烈な愛、涙、その他のいかなる霊的な慰めをもたらし、保てるのはわたしたちからではなく、すべてがわたしたちの主である神の賜物と恵みであることを内的に感じるために、わたしたちに真の知識と認識をあたえるためである。[4] それは、わたしたちが、別のことの温床とならない i) ためであり、何らかの高慢や虚しい栄光でわたしたちの理性を高ぶらせず、信心やその他の霊的な慰めとなるものをわたしたちに帰さないためである。

323 第十。慰めのうちにある者は、後に来るであろう荒みにおいてどのように振る舞うのかを考え、そのときのために新たな力を得ておくこと。

324 第十一。慰められている者は、そのような恵みや慰めなしに荒みのときにどれほど無力であるかを考え、できる限り謙遜に、自らを低くするように努める。[2] その反対に、荒みのうちにある者は、創造主において力を得ながら、あらゆる敵に対して抵抗するための充分な恵みをもって多くのことができると考えること。

325 第十二。敵は女性のように振る舞い、強くでると弱くなり、弱いと徐々に強くなる ii)。[2] というのは、ちょうど女性に特有なように、女性は誰か男性と争うと、元気を失い、男性が強い顔をすると、逃げる。[3] その反対に、もし男性が元気を失って、逃げ始めると、女性の怒り、復讐心、残忍さは、非

i) “en cosa ajena no pongamos nido”「別のことの温床とならない」。“poner nido en ...” は、「～の巣をつくる」だが、ここでは「～の源となる」の意味。

ii) “en ser flaco por fuerza y fuerte de grado”「強くでると弱くなり、弱いと徐々に強くなる」。

常に増大し、計り知れないほどになる。[4]同様に、敵に固有なことだが、敵が弱くなり、元気を失い、誘惑するのをやめるのは、[5]霊操する者が、霊的なことにおいて、敵の誘惑に対して強く立ち向かい、全く正反対のことをするときである。[6]その反対に、もし霊操する者が、誘惑に苦しむ中で、恐れを抱き、元気を失い始めると、[7]増大する悪意をもって有害な[iii)]意図を追求することにおいて、この人間本性の敵ほどに残忍な獣は地上にはいない。

326 **第十三**。同様に、敵は、秘密裡に発見されないようにすることで、偽りの恋人のように振る舞う。[2]というのは、ちょうど、偽っている男性が、悪へと語りかけながら、善良な父親の娘や善良な夫の妻を求めるように、その言葉と誘いが秘密にされることを望む。[3]その反対は彼を非常に不機嫌にさせるが、それは娘が父親に、妻が夫にその虚しい言葉や邪悪な意図を打ち明けるときで、それはやり始めた企みどおりにならないことを容易に察するからである。[4]同様に、人間本性の敵が、正しい霊魂にその手管と誘いを向けるとき、それが秘密のうちに受け入れられ、保たれることを望み、願う。[5]優れた聴罪司祭、あるいはその欺きと狡猾さを知っている他の霊的な人物に打ち明けられるとき、ひどく悲しむ。[6]というのは、その明らかにされた欺きが露わにされ、やり始めた欺きのとおりにならないことを察するからである。

327 **第十四**。また、敵は、勝利し、望むものを奪い取るために、首領のように振る舞う。[2]というのは、ちょうど戦場の指揮

iii) “dañado”「有害な」。別訳:「邪悪な」。

官や首領が、陣営を据え、城塞の勢力と配置を見て、最も脆弱な部分を攻撃するように、[3]同じように、人間本性の敵は、周囲を回って、わたしたちのすべての対神徳、枢要徳、倫理徳を見渡し、[4]わたしたちの永遠の救いのために最も脆弱で貧窮したところを見つけ、そこからわたしたちを打ち破り、取り去ろうと努めるのである。

328　**同じ目的のための諸規則。これは、より高度の霊の識別をともない、第二週により資するものである**

329　第一。神とその天使たちに固有なのは、その動きにおいて、真の嬉しさと霊的な喜びをあたえ、敵の引き起こすすべての悲しみと動揺を取り去ることである。[2]敵に固有なのは、そのような喜びや霊的な慰めに対して、見せかけの理由、屁理屈、絶え間ない欺きをもって闘うことである。

330　第二。先立つ原因なしに霊魂に慰めをあたえるのは、唯一わたしたちの主である神のみである。というのは、創造主に固有なのは、霊魂に入り、出て、動きを引き起こし、霊魂のすべてを神の愛へと引き寄せることだからである。[2]原因なしにというのは、そのような慰めが、自らの理性や意志の働きを介する、何らかの対象について事前の感覚や知識がまったくないことである。

331　第三。原因とともに善天使も悪天使も霊魂を慰めるが、反対の目的のためである。[2]善天使は、霊魂の益のためで、霊魂が成長し、善からよりさらなる善へと昇るためである。[3]悪天使は、その反対のためで、有害な意図と悪へと引き寄せるためである。

332 **第四**。悪天使に固有なのは、光の天使の姿をし、信心深い霊魂のところに入り、自らと共に出てゆくことである。[2]つまり、そのような正しい霊魂に合わせて、善く、聖なる考えをもたらし、その後、少しずつ霊魂を隠された欺瞞と邪悪な意図へと引き寄せながら、出てゆこうと努める。

333 **第五**。考えの筋道に充分に注意しなければならない。もし初めと半ばと終わりがすべて善く、すべてが善へと向かっているならば、善天使のしるしである。[2]だが、抱いた考えの筋道において、終わるのが何らかの悪いことか、逸らされてしまうか、霊魂が以前にやろうと決意していたのものほど善くはないもので、[3]霊魂を弱らせ、不安にし、動揺させ、以前もっていた平和、落ち着き、静けさを霊魂から取り去るならば、[4]それは、悪霊、わたしたちの益と永遠の救いの敵である悪霊のやり方の明白なしるしである。

334 **第六**。人間本性の敵が、その蛇の尻尾や誘う悪い目的が感じられ、知られると、[2]誘惑された人物にとって有益なのは、すぐに抱いた善い考えの筋道とその端緒[iv)]を見ることであり、[3]また、どのように少しずつ、邪悪な意図へともってゆくまで、とどまっていた霊的な甘美さと喜びからその人物を引き下ろそうと努めるのかを見ることである。[4]それは、こうした体験をして、それを知り、気づくことで、いつもの欺きから将来自らを守るためである。

iv) “principio”「端緒」。別訳：「初め」。

335 **第七**。善からより善なるところへと進む人びとにおいては、善天使は、霊魂に優しく、軽く、柔らかく触れ、それは海綿に入る水の滴のようである。[2]悪天使は、鋭く、騒音と落ち着きのなさをもって触れる。それは水の滴が石の上に落ちるときのようである。[3]また、悪からより悪なるところへと進む人びとに、上述の霊は反対の仕方で触れる。[4]その理由は、霊魂の態勢が、上述した天使たちの反対か、あるいは類似しているかである。[5]というのは、反対のときは、騒音と諸感覚で知覚できるように入ってくるからである。[6]そして、類似しているときは、静かに、自らの家に開いた扉に入ってくるかのようである。

336 **第八**。慰めが原因なしであるとき、そのうちには欺きがない。それは、述べたように［330］、わたしたちの主である神からのみくるからである。[2]だが、神がそのような慰めをあたえる霊的な人は、充分な警戒と注意をもって、そのような現在の慰めに固有な時期とそれに続く時期を見つめ、識別しなければならない。[3]それに続く時期には、霊魂は、暖かさがとどまり、過ぎ去った慰めの恵みと余韻に恵まれる。[4]というのは、しばしばこの第二の時期に、習慣か理解や判断の結論か、善霊によるか悪霊によるかなど、自分の思考で、[5]わたしたちの主である神から直接あたえられていない、様々な決意と見解をもつようになるからである。[6]それゆえ、それらは、全面的に信頼し、実行される前に、よく吟味される必要がある[v)]。

---

v)「原因のない慰め」後の時期には、神からくるのではない種々なものの影響を受けやすいので、慎重に振る舞うべきことが強調されている。

337 施しを分配する役務の際は、以下の諸規則が守られるべきである

338 第一。もしわたしが、親族、友人、自らが好意を抱いている人びとに施しをするならば、選定の題材のところで話された四つのこと［184-187］を見るべきである。
[2] 第一は、わたしを動かし、わたしに施しを与えさせる愛は、上から、わたしたちの主である神の愛から降り、[3] そのような人びとに抱く愛が、より大きくてもより小さくても、神のためであるかどうか、彼らをより愛する理由において神が輝き出るかどうかを、まずわたしのうちに感じられねばならない。

339 第二。一度も会ったこともなく、知らない人を見ようとする。[2] そして、わたしたちの主である神のより大いなる栄光とその人の霊魂のより大いなる完全さのために、その分配するやり方の基準を守って欲しいように、わたしは、そのもつ役務と身分において完璧であることを望み、[3] そのようにして、わたしは、他の人のために望み、そう判断するような規則と基準を、それ以上でもそれ以下でもなく守る。

340 第三。臨終にあるかのように、そのときに自らの管理の職務で行っておきたかったような方法や基準について考察する。
[2] そして、それによって自らを規定し、自らの分配の行為でそれを守る。

341 第四。裁きの日に自らがどのようであろうかを見て、そのときこの職務と役務の地位をどのように用いようとしていたか

をよく考える。[2] そして、そのとき守りたかったような規則を今守る。

342 **第五**。ある人が、施しを分配したい人びとに傾きや愛着を感じているときは、[2] 立ち止まり、上述の四つの規則［184-187］を充分に熟考し、彼らへの愛着を調べ、試す。[3] そして、その乱れた愛着が、その諸規則に即して、すべてにおいて取り除けられ、投げ捨てられるまでは施しを与えてはならない。

343 **第六**。ある人がわたしたちの主である神からそのような役務に呼ばれたときは、わたしたちの主である神の財産を施すために受け取ることに科はない。[2] だが、他の人びとに与えるためにもっているものから、どれだけの数量を自分自身のために受け取り、充てるべきかについては、科や過度の疑いもある。[3] それゆえ、上述の諸規則によって、自らの生活と身分を改めることができる。

344 **第七**。すでに述べた様々な理由により、またその他の多くの理由から、常により良く、より確実なのは、その人と家政[vi)] に関することにおいては、[2] より一層切り詰め、減らし、またより一層わたしたちの模範と規範である大祭司、すなわちわたしたちの主キリストに近づくことである。[3] それに即して、カルタゴ第三教会会議（そこには聖アウグスティヌスがいた）は、司教の家財は、粗末で貧しくあるように決定し、命じている。[4] 同じことは、その人びとの地位と身分を見て、それに合わせて、生活様式のすべてにおいて考慮されねばな

vi）“estado de casa toca”「家政」は、家計に関すること。

らない。[5] 婚姻生活では、聖ヨアキムと聖アンナの模範がある。彼らは、財産を三分割し、[6] 第一を貧しい人びとに、第二を神殿の役務と奉仕に与え、第三を自分たち自身とその家族の扶養のためにとったのである。

345 疑悩とわたしたちの敵のそそのかしを感じ、理解するために、以下の諸注意が助けとなる

346 第一。俗に疑悩といわれるのは、われわれ自身の判断と自由からでてくるもの、すなわちわたしが罪ではないものを罪であると自由につくりあげるときである。[2] それは、ちょうど、誰かが、偶然に藁の十字架を踏んでから、自らの判断で罪を犯したとつくりあげてしまうようなことである。そして、これは本来誤った判断であって、本来の疑悩ではない。

347 第二。わたしがその十字架を踏んでから、あるいは何か別のことを考えたり、言ったり、行ってから、自分が罪を犯したという考えが外からわたしのところにやってくる。他方で、自分が罪を犯していないようにも思える。[2] だが、そこに、すなわち、疑ったり、疑わなかったりして、動揺を感じる。そのようなものが、本来の疑悩と敵による誘惑である。

348 第三。注意第一の第一の疑悩は、全くの誤りであるゆえに、強く嫌悪すべきものである。だが、注意第二の第二は、霊操が与えられる霊魂にとり、ある程度の期間は少なからず益となる。[2] むしろ、そのような霊魂を大いに浄化し、清いものとし、罪のあらゆる兆しからも離れさせるのである。グレゴリウスによれば、「罪のないところに、罪を認めるのは、善い心の人である。」[vii)]

vii） “Bonarum mentium est ibi culpam cognoscere, ubi culpa nulla est.” 教皇グレゴリウス 1 世『書簡』第 11 巻、書簡 64 番（PL 77, 1195B）。

349 **第四**。敵は、霊魂が粗雑か繊細かどうかをよく見ている。そして、もし繊細ならば、より動揺させ、くじけさせるために、極端に鋭敏にさせる。[2] 例えば、霊魂が、自らのうちで大罪にも小罪にも意図した罪のいかなる兆しをも容認しないのを見ると、[3] 敵は、罪と見えるものに陥らせることができないと、最小の言葉や考えのうちになど、罪ではないところに罪をつくりあげようとする。[4] もし霊魂が粗雑ならば、敵は、それをより粗雑にさせようとする。[5] 例えば、もし以前に小罪を気にしていなかったならば、大罪をもあまり気にしないようにさせるであろう。また、もし以前にいくらか気にしていたならば、今はもっと気にしないか、全く気にしないようにさせるであろう。

350 **第五**。霊的な生活において向上したいと望んでいる霊魂は、常に敵のやり方とは反対にやろうとしなければならない。[2] すなわち、敵が霊魂を粗雑にしようとするならば、霊魂は繊細であろうと努める。[3] 同様に、もし、敵が、極端さにもっていくために、霊魂を弱らせようとするならば、霊魂は、すべてにおいて落ち着いているために、真ん中にしっかりととどまるように努める。

351 **第六**。そのような善い霊魂が、教会内で、長上の了解のもとで、わたしたちの主である神の栄光となるような何かを話したり、行ったりすることを望むとき、[2] 虚しい栄光や他のことがらなどの見せかけの理由をもちだしながら、そのようなことを話したり、行ったりしないようにという考えや誘惑が外からきたら、そのときは理性を創造主へと高く上げねばならない。[3] また、それがしかるべき奉仕であるか、少なくともそれに反するものではないことがわかるならば、そのような誘惑に対して正反対に行わなければならない。同じことに答えたベルナルドによれば、「お前のために始めたのでもなく、お前のために止めることもない。」[viii)]

viii) "Nec propter te incepi, nec propter te finiam."『聖人の華』(*Flos sanctorum*) の聖ベルナルドの生涯 (legenda CXV, letra G)。自叙伝 5·4 番参照。

352 **戦いの教会においてわれわれのもつべき真の感覚のために、以下の諸規則が守られねばならない**

353 **第一**。すべての判断を置いて、わたしたちの聖にして母である位階的教会である、わたしたちの主であるキリストの真の花嫁にすべてにおいて従う準備と用意のできている心をもたなければならない。

354 **第二**。司祭に告解し、至聖なる秘跡を年に一度は受けることを賞賛する。必要かつ然るべき条件のもとに、より良いのは毎月だが、なお良いのは八日ごとである。

355 **第三**。頻繁にミサにあずかることを賞賛する。同様に、聖歌、詩編、長い祈りを、教会内で、また教会外ですること、[2] 同様に、すべての聖務日課、すべての祈禱、すべての定時課のために定められた時間へと秩序づけられた日課を賞賛する。

356 **第四**。修道会、純潔、禁欲を大いに賞賛する。婚姻はこれらのものほどには賞賛しない。

357 **第五**。修道会、従順、清貧、貞潔の誓願、その他の定められたこと以上の完全さの諸誓願を賞賛する。[2] そして、注意すべきことは、誓願は福音的な完全さに近づくことに関するものなので、そこから遠ざかること、商売人になることや結婚することなどでは誓願を立ててはならない。

358 **第六**。聖人の遺物を賞賛する。聖遺物を崇敬し、聖人たちに祈る。十字架の道行き、巡礼、免償、贖宥、十字軍、教会で点されたろうそくを賞賛する。

359 **第七**。断食と節制に関する定め、つまり四旬節、四季の斎日、小斎、金曜日や土曜日を賞賛する。同様に、苦行も、内的なもののみならず、外的なものをも。

360 **第八**。教会の装飾や建築を賞賛する。同様に、聖像を賞賛し、その表すところに従って崇敬する。

361 **第九**。最後に、教会のすべての掟を賞賛する。その擁護する理由を探そうとし、決して攻撃する理由を探そうとしない心をもつ。

362 **第十**。法令、勧告、われわれの長上の慣習を是認し、賞賛しようとしなければならない。[2] というのは、あることは実際にはそうではないか、そうではなかったかもしれないが、公に説教したり、一般の人びとの前で詳しく説明したりして、それに反対して語ることは、益をもたらすよりも、うわさ話や悪評を引き起こすからである。[3] それで、人びとは、世間的か霊的な長上に対して、憤ることになるかもしれないのである。[4] したがって、長上のいないところで、一般の人びとに悪く言うのが害をもたらすように、悪い習慣について悪習を正すことのできる人びと自身に話すことは益となりうるのである。

363 **第十一**。肯定神学とスコラ神学を賞賛する。というのは、聖ヒエロニムス、聖アウグスティヌス、聖グレゴリウスらの肯定神学の博士たちにより特有なのは、すべてにおいてわたしたちの主である神を愛し、仕えるために、感情[ix)]を動かすことであり、[2]聖トマス、聖ボナヴェントゥラ、命題集の師[x)]らのスコラ神学の博士たちにより特有なのは、[3]すべての誤りと間違いにもっと反駁し、宣言するために、永遠の救いに必要なことがらについて、わたしたちの時代のために定義し、宣言することだからである。[4]というのは、スコラ神学の博士たちは、より現代的なので、聖書と肯定神学と聖なる博士たちの真の理解に資するのみならず、[5]彼らは、神の力に照らされ、明らかにされて、われわれの聖にして母である教会の諸公会議、公会議の定める諸規程、諸法令の助けとなるからである。

364 第十二。わたしたち生きている者たちと過去の福者たち[xi)]とを比較するのは慎まねばならない。少なからずそこで誤りうるからである。[2]すなわち、この人は聖アウグスティヌスよりも知っているとか、善性や聖性において聖フランシスコや聖パウロそのものだとか、それ以上だとかなどと言うことである。

365 第十三。わたしたちが常に保たねばならないことは、すべてにおいて正しくあるために、自らには白と見えるものも、もし位階的教会がそう決定するならば、黒であると信じることである。[2]その際には、花婿であるわたしたちの主キリスト

ix）“afecto”「感情」。別訳：「情愛」。

x）『命題集』（*Libri IV Sententiarum*）の著者ペトルス・ロンバルドゥス（Petrus Lombardus）（c. 1100–1160）。

xi）“los bienaventurados pasados”「過去の福者たち」は、過去の聖なる人物たちの意味。

とその花嫁である教会の間には、わたしたちの霊魂の救いのためにわたしたちを治め導いている同じ霊が存することを信ずるのである。[3] というのは、わたしたちの聖にして母である教会は、同じ霊とまた十戒を与えたわたしたちの主によって、導かれ治められているからである。

366 **第十四**。誰も、予定されることなしに、また信仰と恩恵をもつことなしに、救われえないということは、真であるにせよ、[2] そのすべてについての話し方と伝え方について非常に注意しなければならない。

367 **第十五**。わたしたちは救いの予定について習慣的にあまり話すべきではない。だが、何らかの仕方でときどき話すならば、一般の人びとが、何らかの誤りに陥らないように話すべきである。時にこう言われる。[2] わたしが救われるべきか、地獄に堕ちるべきかは、既に定められており、善を行うか悪を行うかによっても、別のことにはなりえないなどである。[3] それとともに鈍くなって、自らの霊魂の救いと霊的な益となる行いを怠るのである。

368 **第十六**。同様に注意すべきことは、何らの区別と説明なしに、信仰について過度に強く話すことである。[2] 信仰が愛徳で形づくられる前にせよ後にせよ、行いにおいて、鈍くなったり、怠惰になったりするような機会を人びとに与えてはならない。

369 **第十七**。また、わたしたちは、自由を取り去る毒が生じるほどに、恩恵を強調して長く話してはならない。[2] 信仰と恩恵については、神の助けによって、できる限り、神のより大いなる賛美のためになるように話されるべきである。[3] だが、とりわけかくも危険なわたしたちの時代においては、行いや自由意志が何らかの害を受け、無とみなされるような仕方と方法であってはならない。

370 **第十八**。純粋な愛からわたしたちの主である神によく仕えることは、すべてに優り評価されるべきではあるにせよ、わたしたちは、神への恐れも大いに賞賛しなければならない。[2] というのは、子としての恐れは信心深く、非常に聖なるものであるが、奴隷的な恐れも、人間がより善いもの、より有益な他のものを得られないところでは、大罪を離れるためには大いに助けとなるからである。[3] そして、大罪を離れると、神の愛と一つになっているゆえに、わたしたちの主である神にすべて受け入れられ喜ばれるような、子としての恐れに容易に至るのである。

解　説

霊操の成立

『霊操』（*Ejercicios espirituales*）は、1540年のイエズス会創立で中心的存在だったイグナチオ・デ・ロヨラ（Ignacio de Loyola）（1491-1556年）によって執筆された。イグナチオは、1521-1522年にロヨラでの回心とそれに続くマンレサ滞在期に、生涯の根本的な転換をもたらすような霊的体験をした。そのイグナチオ自身の霊的体験にもとづき他者のために役立つように祈りの方法をまとめたのが『霊操』である（自叙伝[i] 99·2番参照）。その後、四半世紀にわたり、スペインやパリでの勉学期やローマでの滞在期をとおして、イグナチオによって加筆・修正が続けられ、1548年7月31日の教皇パウロ三世の勅書「パストラリス・オフィチイ」（*Pastoralis Officii*）による認可をもって『霊操』は完成したとみなされる。

「霊操」とは？

『霊操』――霊操書――は、「霊操（ejercicio）」という様々な霊的修行から成り立っているが、通常は、個々の霊操よりも、ある一定期間で行われる霊的修行のプログラムが霊操とよばれる。霊操で

---

i）*El peregrino. Autobiografía de San Ignacio de Loyola*, Introducción, notas y comentario por Josep M.ª Rambla Blanch, S.I., Bilbao-Santander: Mensajero-Sal Terrae, 1998 (3ª Edición). 邦訳：聖イグナチオ・デ・ロヨラ『ロヨラの聖イグナチオ自叙伝』アントニオ・エバンヘリスタ訳、李聖一編、ドン・ボスコ社、2021年（旧版：『ロヨラの巡礼者――聖イグナチオ自叙伝』アントニオ・エバンヘリスタ／佐々木孝共訳、中央出版社、1980年）。

基本的な主体となるのは、聖書的な神――「神（Dios）」／「キリスト（Cristo）」――と「霊操者（ejercitante）」――「霊操する者（el que se ejercita）」／「霊操を受ける者（el que recibe los ejercicios）」――である。すなわち、霊操とは、聖書的な超越的人格的他者としての神の働きによって、神と霊操者との交わりを深め、具体的な生き方の選びへと導く方法をまとめたものである。霊操330番では、霊操の基本的なダイナミズムである霊操者のうちに働く神についてこう述べられている。

「というのは、創造主に固有なのは、霊魂に入り、出て、動きを引き起こし、霊魂のすべてを神の愛へと引き寄せることだからである。」（霊操330・1番）

このように、霊操が根本的に神との関係において成立するものである以上、霊操者自身が内面的に神の働きへと開かれていることは霊操の基本的な前提条件である。その意味で、霊操は聖書的な神信仰を前提としている。

さらに、霊操18番では、霊操の適用の原則、すなわち霊操者の種別と各霊操者に合わせた適用についてこう述べられている。

「[1]霊操は、霊操を行うことを望んでいる人びとの態勢、つまり霊操を行おうとする人びとの年齢、教養、才能等の資質にしたがって適用されるべきである。[…] [3]同様に、霊操は、霊操者をより助け、役立つように、その取り組もうとするところに応じて一人ひとりに与えられなければならない。」（霊操18・1, 3番）

ただし、霊操を行うための一定の要件を充たしていない場合、霊操者は、霊操本体に入ることは認められず、霊操の準備段階にとどまらなければならない。霊操は、本来、一定の条件を満たしている者のみに許されるのである。

神と霊操者のほかに、霊操で一定の重要な役割をはたすことが求められているのが、霊操の際に霊操者を助ける「霊操を与える者（el que da los ejercicios）」である。「霊操指導者」とよばれることもあるが、近年はその呼称を避け、「霊操同伴者」とされることが多い。それは、霊操の真の指導者はあくまでも神自身であって、「霊操を与える者」は、決して指導者ではないし、指導者になろうとしてはならないからである。「霊操を与える者」は、霊操者を助ける者という役割に徹しなければならないのである。霊操 15 番では、「霊操を与える者」の役割についてこう述べられている。

> 「[5] 霊操を与える者は、どちらか一方に偏りも傾きもせず、秤のように真ん中にあって、[6] 創造主が被造物に、被造物が創造主に直接に働かれるようにしなければならない。」（霊操 15·5–6 番）

霊操テキスト

霊操の基本テキストとなるのは、いわゆる自筆稿「アウトグラフォ（*Autógrafo*）」（*A*）[ii] とよばれるスペイン語テキストである。ただし、自筆稿（アウトグラフォ）とは、イグナチオ自身の手による自筆テキストではなく、第三者が自筆テキストを清書し、その清書されたテキストにイグナチオ自身がさらに加筆・修正したものである。

---

ii）Ignace de Loyola, *Texte autographe des Exercices Spirituels et documents contemporains (1526–1615) préséntes par Édouard Gueydan s.j. en collaboration* (Collection Christus 60), Paris: Desclée de Brouwer, 1986. Ignacio de Loyola, *El Autógrafo de los Ejercicios espirituales / The Autograph Copy of the Spiritual Exercises*, Santiago Arzubialde, SJ / José García de Castro, SJ (eds.), translated by Barton T. Geger, SJ, Bilbao: Mensajero, 2022.

西方キリスト教文化圏ではラテン語が長らく宗教と学問の共通言語であったことから、霊操テキストは基本的にラテン語訳が用いられてきた。自筆稿のスペイン語原文は、1615年に初めて印刷されたものの、20世紀に至るまで霊操のスペイン語原文が一般的に用いられることはなかった。霊操のラテン語訳には、イグナチオ自身によるラテン語訳「ヴェルシオ・プリマ（*Versio prima*）」（*P 1, P 2*）があるが、このイグナチオ自身によるラテン語訳が生硬だったために、新たに自筆稿から流麗なラテン語に翻訳されたのが公式ラテン語訳「ヴルガタ（*Vulgata*）」（*V*）である。1548年に教皇認可された霊操テキストはラテン語の「ヴルガタ」で、19世紀にイエズス会第21代総長ヤン・フィリップ・ローターンによるラテン語訳[iii]が登場するまで、霊操の公式ラテン語訳として用いられてきた。だが、「ヴルガタ」は、ラテン語としては流麗でも翻訳としては自由過ぎ、自筆稿のスペイン語原文からはかけ離れたものとなっている。ローターン訳は、この「ヴルガタ」の限界に関する問題意識から、自筆稿から新たにラテン語に翻訳されたもので、20世紀半ばまで広く用いられてきた。ただし、現在では、自筆稿を現代スペイン語表記したテキストが霊操の基本テキストとして用いられ、ローターン訳を含め、霊操のラテン語訳が用いられることはない。

これらの自筆稿（*A*）、「ヴェルシオ・プリマ」（*P 1, P 2*）、「ヴルガタ」（*V*）が、「原テキスト（アルケティポス *Arquetipos*）」とよばれている。また、これらの「原テキスト」に対して、霊操指導の実践の場で用いられたラテン語やスペイン語の各種の適用版があり、それらのテキストは「適用テキスト（アダプタドス *Adaptados*）」とよばれている。このように、霊操テキストは、大きく「原テキスト」と「適用テキ

iii) *Exercitia spiritualia S. P. Ignatii de Loyola cum versione literali ex autographo hispanico*, Roma 1835.

スト」に分類され、それぞれスペイン語テキストとラテン語テキストがある[iv]。

霊操の構造と方法

霊操は、大きく「総注」（霊操 1-20 番）、霊操本体（霊操 21-237 番）、附録部分（霊操 238-370 番）から成り立っている。

まず、「総注」では、「霊操を与える者」と「霊操を受ける者」のための霊操にあたっての諸注意が述べられる。これに続くのが、第一週から第四週までイエス・キリストの生涯を味わう霊操本体である。附録部分は、祈りの三つの方法（霊操 238-260 番）、キリストの生涯の秘義（霊操 261-312 番）、諸規則（霊操 313-370 番）から成り、さらに諸規則には、霊の識別のための規則（霊操 313-336 番）、施しの分配のための諸規則（霊操 337-344 番）、疑悩に関する諸規則（霊操 345-351 番）、教会において感じるための諸規則（霊操 352-370 番）が含まれている。

霊操は、通常、霊操本体にあたる第一週から第四週までの流れに沿って一か月間かけて行われる。霊操本体では、罪に関する霊操である第一週を除き、第二週から第四週まで霊操者は基本的にイエス・キリストの生涯に取り組む。すなわち、第二週では受肉・降誕以降のイエス・キリストの生涯、第三週ではイエス・キリストの受難、第四週ではイエス・キリストの復活が主題となる。霊操本体の構造について、霊操 4 番では、こう述べられている。

「以下の霊操は、諸霊操が四つの部分に分かれ、その四つの部分

iv）*Sancti Ignatii de Loyola Exercitia Spiritualia* (*Monumenta Historica Soietatis Iesu* vol. 100, *Monumenta Ignatiana,* ser. 2, nova editio: t. 1), Iosephus Calveras / Candidus de Dalmases (ed.), Roma: Institutum Historicum Societatis Iesu, 1969.

> に合わせて四週間がとられる。[2]すなわち、第一部は罪の考察と観想、第二部は枝の主日までを含む、わたしたちの主キリストの生涯、[3]第三部はわたしたちの主キリストの受難、第四部は復活と昇天、そして祈りの三つの方法である。」(霊操 4·1–3 番)

このように、霊操者は、イエス・キリストの具体的な姿を味わうことをとおして、聖書的な神との関係に入る。その際に、霊操者は、霊操の準備として、まず「場を見て場面を組み立てる (composición viendo el lugar)」(霊操 47·1 番参照) ことが求められ、想像力をもって思い浮かべた情景を味わう。こうして、霊操者は、「物語的コミュニケーション」ともいうべき方法によって、イエス・キリストの具体的な姿をとおして神との関係に入る。

ただし、霊操で霊操者が取り組むイエス・キリストの出来事は、単に想像された物語ではなく、ナザレのイエスの歴史的事実にもとづいている。それゆえ、霊操でイエス・キリストの具体的な姿は、物語ではなく、「歴史 (historia)」とよばれている。霊操 2 番では、こう述べられている。

> 「黙想や観想する方法と順序を与える者は、その観想か黙想で取り組む歴史 (historia) を、要点だけを短く、まとめて説明して、忠実に物語らなければならない。」(霊操 2·1 番)

ただし、霊操でいうイエス・キリストの「歴史」とは、ナザレのイエスに関する狭義の歴史的事実としての「史的イエス」には限定されないような、聖書的な意味でのイエス・キリストの出来事である。イグナチオのいう「歴史」には、霊操では受肉・降誕から十字架・復活・昇天までのイエス・キリストの歴史が念頭におかれている。それは狭義の史実とも史実性のない物語とも区別される。このような「歴史（イストリア）」の両義性ゆえに、本書の翻訳では、狭義の歴史性とも単なる物語性とも区別するために、“historia” には、ルビ付きの「歴史（イストリア）」という訳語を用いている。

霊操の目的とは？

キリスト教の霊性には、霊的な段階を表す「三つの道（tres viae / tres vías）」、すなわち「浄化（purificatio）」「照明（illuminatio）」「一致（unio）」という伝統な三区分があるが、霊操 10 番にも同様の表現がみられる。

> 「[2] というのは、一般的に、霊操する者が、第二週にあたる照らしの生活にあるとき、人間本性の敵は、ますます善の見せかけのもとでよく試みようとするからである。[3] ただし、第一週の霊操にあたる浄めの生活ではそれほどではない。」（霊操 10･2–3 番）

ここで、第一週が「浄め」、第二週が「照らし」にあたるとしていることから、霊操全体を伝統的な「三つの道」で理解しようとする霊操の構造理解がある。だが、霊操 10 番では、「道（vía）」ではなく「生活（vida）」とされており、また「一致」には言及されていないという難点が、この霊操の構造理解にはある。

他方で、霊操は、神との交わりを深めるということのみならず、「選定」（霊操 169–188 番）にせよ「生活と身分の改善」（霊操 189 番）にせよ、常に具体的な生き方の選びへと向けられている。霊操 21 番では、霊操はこう定義されている。

> 「いかなる無秩序な愛着にも決定されることなく、自己自身に打ち克ち、生活を秩序づけるための霊操」（霊操 21 番）

そこから、霊操の根本目的は選定にあるとされ、霊操の中心を第二週末尾の選定（霊操 169-189 番）にあるとする霊操の構造理解がある。ただし、この霊操の構造理解によれば、霊操の頂点が第二週末尾の選定にあることになり、第三週以降が単に選定の結果を確認するだけとなってしまうという難点がある。

このような霊操の目的に関する「一致」か「選定」かという問い、すなわち神との出会いと交わりを深める一致が目的なのか、何らかの具体的な選びという選定が目的なのかという問いは、霊操解釈史上の古典的な議論となっている。だが、霊操の目的は、「一致」か「選定」かという二項対立によってではなく、あくまでも両者の相関性のうちに理解すべきである。霊操の目指す一致は常に具体的な選びへと向けられ、霊操の目指す選びは常に神との一致において全うされるからである。霊操の目的は、神との一致において遂行される具体的な選びにあるのである。

霊操の時代的制約性と現代性

あらゆる書記化されたテキストと同様、霊操もその成立した周辺世界との密接な連関のうちにある。霊操の周辺世界とは、イグナチオが活躍した 16 世紀前半の南西ヨーロッパで、主に現代のスペイン、フランス、イタリアにあたる地域である。そのような霊操の周辺世界は、現代日本とは文化的－社会的に大きく隔たっており、時代的な疎隔から、霊操テキストに触れる多くの日本の読者はその内容と表現に少なからず違和感をおぼえるのである。

確かに、霊操の言語と表象（イメージ）に一定の時代的制約性があることは否定できない。例えば、第一週の地獄の黙想（霊操 65-71 番）では、霊操者が味わうべき地獄の阿鼻叫喚の様が事細かに描かれるが、現代の霊操者がその情景を想像力をもって思い浮かべ、祈りの題材とすることは著しく困難であろう。また、第二週の王の呼びかけ（霊操 91-100 番）では、地上の王と臣下の表象（イメージ）をもって、キリストとキリストに従う者のあるべき関係が提示されるが、現代の霊操者にとっては、キリストとキリストに従う者との関係を理解するうえで、このような王と臣下の表象（イメージ）はあまり積極的な意義をもたないであろう。

ただし、個々の霊操テキストの意義は、時代的制約性という基準だけで単純に判断することはできない。例えば、霊操末尾にある教会規定（霊操 352-370 番）は、霊操成立プロセスの最終段階で付加されたとみなされ、その成立段階の 16 世紀半ばのカトリック教会の状況を反映して明確に対抗宗教改革的な内容が含まれている。そのため、教会規定の内容は、現代におけるエキュメニズム、すなわちキリスト教諸派の対話と一致を促進するという観点からは必ずしも適切なものとはみなされない。だが、このような時代的制約性にもかかわらず、教会規定のテキストには、時代を超えて現代のカトリック神学にも通じるイグナチオの根本的な教会理解をみることができる。例えば、霊操 365 番では、こう述べられている。

「というのは、わたしたちの聖にして母である教会は、同じ霊とまた十戒を与えたわたしたちの主によって、導かれ治められているからである。」（霊操 365·3 番）

この教会規定の短い一節には、制度的教会において働かれるキリストというカトリック的な根本的教会理解をみることができるのである。

霊操は現代に至るまで無数の人びとに多大な影響をあたえ続けてきた。それは、霊操の基本的な内容と方法が、時代を超えた現代性をもっているからである。それゆえ、霊操実践の際には、必ずしも霊操の字句どおりのテキストにこだわることなく、基本的な部分とそうではない部分をよく見極めたうえで、霊操者にあわせて適用しなければならない[v)]。そのためにも、霊操の基本的な内容と方法に関する深い知識と霊操の背景となる健全な神学的理解が不可欠である。

本書の翻訳の特徴

20世紀以降今日に至るまで広く用いられた霊操の邦語訳は、1956年出版の霊操刊行会訳[vi)]と1986年（改訂版1992年）出版のホセ・ミゲル・バラ訳[vii)]である。

霊操刊行会訳は1937年に出版されたイエズス會訳[viii)]の改訂版である。イエズス會訳は、さらにそれ以前に作成されたドイツ語訳[ix)]からの重訳をもとに、新たに自筆稿（アウトグラフォ）のスペイン語原文にもとづいて翻訳されたものである。イエズス會訳と霊操刊行会訳で採用された霊操の主要概念の訳語——例えば「総註（anotaciones）」「糺明（examen）」「選定（elección）」「慰安（なぐさめ）（consolación）」「荒寂（すさみ）（desolación）」等——は、多少表記を変えながらも現在に至るまで用いられている。ただし、ローマ・カトリック教会の公用語がラテン語だった時代を反映して、霊操刊行会訳は、霊操の各種ラテン語訳の影響——例えば「現場の想設（compositio loci）」「五官の活用（applicatio sensuum）」等——を強く受けていることは否めない。それに対して、霊操刊行

v）現代の霊操者のための霊操テキストの翻案の試みとして、以下を参照。David L. Fleming, S.J., *Draw Me into Your Friendship. The Spiritual Exercises. A Literal Translation & A Contemporary Reading*, Saint Louis, MO: The Institute of Jesuit Sources, 1996.

vi）聖イグナチオ・デ・ロヨラ『霊操』、霊操刊行会訳、エンデルレ書店、1956年。

vii）聖イグナチオ・デ・ロヨラ『霊操』、ホセ・ミゲル・バラ訳、新世社、1986年（改訂版1992年）。

viii）聖イグナシオ・ロヨラ『靈操』イエズス會譯、歐亞書房、1937年。

ix）*Die Geistliche Übungen des hl Ignatius von Loyola. Nach dem spanischen Urtext übertragen, engeleitet und mit Anmerkungen versehen von Alfred Feder S.J.*, Regensburg: G. J. Manz, 1922.

会訳の 30 年後に出版されたバラ訳では、自筆稿（アウトグラフォ）のスペイン語原文から新たに現代的な文体で翻訳が試みられるとともに、「霊の識別（discreción de espíritus）」――霊操刊行会訳：「霊動弁別」――等の主要概念に新たな訳語が採用されている。イエズス會訳も自筆稿（アウトグラフォ）のスペイン語原文にもとづいているが、バラ訳では、基本的に霊操のラテン語訳を介在せずに翻訳を試みることで、霊操の自筆稿（アウトグラフォ）のスペイン語原文により一層忠実になったということができるであろう。

本書では、自筆稿（アウトグラフォ）を現代スペイン語の表記に改めたカンディド・デ・ダルマセス（Cándido de Dalmases）による校訂版[x)]を底本に用いた。また、翻訳にあたっては、霊操の現代語訳のうち、特にペーター・クナウワー（Peter Knauer）による独訳[xi)]とジョージ・ガンス（George E. Ganss）による英訳[xii)]を適宜参照した。また、今回の霊操翻訳では、日本で一般的になっている霊操 1–370 番の霊操番号に加えて、霊操の主要な現代語訳で採用されている霊操の節番号を導入した。もともと自筆稿（アウトグラフォ）の原テキストには霊操番号はなかったが、1928 年に出版された自筆稿（アウトグラフォ）のスペイン語テキストとローターンのラテン語訳とを対訳的に並置したマリエッティ版[xiii)]でアルトゥーロ・コディナ（Arturo Codina）によって初めて霊操番号が導入された。その後、1944 年のホセ・カルベラス（José Calveras）によるいくつかの霊操番号を限定的に小文字アルファベットで細分割する試み[xiv)]

x）Ignacio de Loyola, *Ejercicios Espirituales*, Introducción, texto, notas y vocabulario por Cándido de Dalmases S.I., Santander: Sal Terrae, 2021 (8.ª edición).

xi）*Geistliche Übungen. Nach dem spanischen Urtext übersetzt von Peter Knauer*, Würzburg: Echter, 1998.

xii）*The Spiritual Exercises of Saint Ignatius. A Translation and Commentary by George E. Ganss, S.J.*, St. Louis, MO: The Institute of Jesuit Sources, 1992.

xiii）*Exercitia spiritualia Sancti Patris Ignatii de Loyola. Textus hispanus et versio litteralis autographi hispani auctore A. R. P. Joanne Roothaan*, Roma: Marietti, 1928.

xiv）*Ejercicios espirituales. Directorio y Documentos de S. Ignacio de Loyola. Glosa y vocabulario de los Ejercicios por el P. José Calveras, S.I.*, Barcelona: Balmes, 1944.

——例えば、霊操18番（a, b, c）、169番（a, b）、189番（a, b）等——を経て、1985年に出版された霊操の仏語訳[xv]で霊操の節番号が導入されたのである。

さて、霊操の翻訳では、日本語としての読みやすさということよりも、自筆稿（アウトグラフォ）のスペイン語原文のできる限り忠実な訳が求められる。それは、霊操テキストにはイグナチオ自身の霊的な体験が色濃く反映されており、一つひとつの言葉と表現のうちにイグナチオの神学や霊性が表現されているからである。そのため、翻訳の際に自然な日本語に置き換えることで、霊操テキストの一つひとつの言葉に込められている意味が、翻訳テキスト上で覆い隠され、読み取ることができなくなってしまう可能性があるのである。これがまさに霊操テキストを流麗なラテン語に置き換えた「ヴルガタ」の陥った翻訳上の問題なのである。

だが、翻訳は常に解釈の産物であって、原テキストの等価物ではない。そのため、今回の霊操の翻訳では、2018年12月に刊行された『聖書　聖書協会共同訳』の翻訳事業で一躍注目されることとなった「スコポス理論」[xvi]を援用した。「スコポス」（σκοπός / skopos）とは、ギリシャ語で目的を意味するが、「スコポス理論」とは、翻訳テキストは、その「スコポス」（目的）によって決定されるというものである。「スコポス理論」によれば、翻訳の際に基準となるのは、起点テキストとしての原文テキストとの等価的な正確性ではなく、目標テキストとしての翻訳テキストの「スコポス」な

---

xv）*Exercices Spirituels. Traduction du texte Autographe par Edouard Gueydan s.j. en collaboration* (Collection Christus Nº 61), Paris: Desclée de Brouwer, 1985.

xvi）Katharina Reiß / Hans J. Vermeer, *Grundlegung einer allgemeinen Translationstheorie* (Linguistische Arbeiten 147), Tübingen: Max Niemeyer, 1984.　邦訳：カタリーナ・ライス&ハンス・ヨーゼフ・フェアメーア『スコポス理論とテクストタイプ別翻訳理論——一般翻訳理論の基礎』藤濤文子監訳、伊原紀子／田辺希久子訳、晃洋書房、2019年。

のである。そのため、本書の翻訳では、現代日本の読者の用いる霊操テキストという「スコポス」から翻訳がなされ、場合によってはスペイン語原文とは異なる構文に置き換え、またスペイン語原語から離れた訳語を採用している。

霊操の構造的索引

第二週

第三週

第四週

祈りの三つの方法

諸規則

主要語句索引

以下は霊操理解に資するための主要語句の索引で、すべての用語を網羅的に記載したものではない。記載語句の選択は、基本的に本翻訳の底本として用いたカンディド・デ・ダルマセスの校訂本の巻末に附された語句索引 *Vocabulario de términos escogidos* に依拠しているが、訳者の判断で必要に応じて追加・削除した。詳細な索引としては、イグナチオ・デ・ロヨラの全著作のコンコルダンス Ignacio Echarte, S.I. (ed.), *Concordancia Ignaciana* (Colección MANRESA 16), Bilbao-Maliaño: Mensajero-Sal Terrae, 1996 を参照されたい。なお、各語句について霊操番号（**太字**）と節番号を記載しているが、単独での用法と関連表現での用法に分けて記載し、また同一の原語の異なる訳語および異なる原語の同一の訳語についても適宜記載している。

ま行

や行

ら行

おわりに

2020年7月31日の『霊操　暫定訳』（非売品）発行から3年の歳月を経て、今般『霊操』の翻訳を上梓する運びとなった。暫定訳発行の際には、次世代につなぐ翻訳を共同の営みでつくりあげるべく、暫定訳を手にされた方々に対して広く積極的なフィードバックを呼びかけ、多方面から様々な貴重なご指摘をいただいた。ここで一人ひとりのお名前を記すことはできないが、そのすべての方々に心より感謝の意を表したい。いただいたすべてのご指摘は慎重に吟味・検討し、適宜翻訳テキストに反映させた。

暫定訳作成の段階で、翻訳原稿全体にわたって細部に至るまで詳細に目を通し、チェックしてくださった上智大学言語教育センター講師の中島さやか氏と学校法人上智学院カトリック・イエズス会センター長のイエズス会の李聖一神父には改めて心より感謝の意を表したい。また、暫定訳の改訂作業の段階で、スペイン在住の聖心会の並河美也子氏には、翻訳原稿全体を細部に至るまで綿密かつ詳細に目を通していただき、翻訳全般にわたって数々の貴重なご指摘をいただいた。暫定訳からの大幅な改訂となった今般の『霊操』の訳文は、ひとえに並河氏の翻訳チェックとの批判的対話による成果といっても過言ではない。この場を借りて、並河氏には心より感謝の意を表したい。ただし、本書の霊操翻訳の最終的な責任はあくまでも訳者自身にある。また、本書の出版にご尽力いただいた教文館出版部の髙橋真人氏はじめ、関係の皆様に心より感謝の意を表したい。名前の出ることのない数多くの皆様のご尽力によって、本書は最終的に出版物として日の目を見ることができた。

翻訳はあくまでも翻訳であり、翻訳が原文に取って代わることはない。また、あらゆる翻訳は、時代の産物であり、時代とともに廃れてゆくことは避けられない。霊操の翻訳も、常に進化・発展へと開かれ、時代とともに変化することが求められている。ただ、いかなる翻訳においても原文テキストを抜きにした議論はありえない。霊操の翻訳の議論でも、スペイン語の原文テキストを参照することは基本的な前提である。原文テキストを抜きにした翻訳の議論は、さながらフロントガラス越しの前方の視界が遮られた状態で運転するようなものである。霊操の翻訳の議論でも、常に霊操のスペイン語の原文テキストを参照することを大事にしたい。

2023年4月9日　復活の主日に

川中　仁

《訳者略歴》

川中　仁（かわなか・ひとし）

1962 年東京都生まれ。1984 年イエズス会入会。1995 年司祭叙階。1996 年上智大学神学研究科博士前期課程修了。2003 年ドイツ・ザンクトゲオルゲン哲学神学大学で神学博士号（Dr. theol.）取得。2004 年から上智大学で教鞭を執る。上智大学学生総務担当副学長（2014〜16 年）などを経て、現在、上智大学神学部教授、同神学部長（2017 年〜）、上智大学キリスト教文化研究所所長（2019 年〜）。

著書に *„Comunicaión". Die trinitarish-christozentrische Kommunikationsstruktur in den Geistlichen Übungen des Ignatius von Loyola*, Frankfurt a.M. 2005 ほか。

霊操（れいそう）

2023 年 7 月 31 日　初版発行
2023 年 12 月 25 日　2 版発行

訳・解説　川中　仁
発 行 者　渡部　満
発 行 所　株式会社　教文館
〒104-0061 東京都中央区銀座 4-5-1
電話 03(3561)5549　FAX 03(5250)5107
URL http://www.kyobunkwan.co.jp/publishing/
印 刷 所　株式会社　平河工業社

配 給 元　日キ販　〒162-0814 東京都新宿区新小川町 9-1
電話 03(3260)5670　FAX 03(3260)5637

ISBN 978-4-7642-6760-2　落丁・乱丁本はお取替えいたします。